Antoine de Saint-Exupéry

Sauvons la planète du Petit Prince

Éditions Kiwi
5, rue de Charonne, 75011 Paris

ISBN : 978-2-37883-108-0
Directeur éditorial : Édouard Frison-Roche
Édition : Paloma Gressien, assistée de Lucie Bernamont
Création graphique et mise en pages : Charlotte Thomas

Jean-Pierre Guéno

Antoine de Saint-Exupéry

Sauvons la planète du Petit Prince

KiWi

Sommaire

Sommaire

Avant-propos

Le jour d'après

Le premier trimestre de l'an de disgrâce 2020 aura frappé l'humanité du sceau d'une des cinq pandémies qui ont marqué le vingtième siècle et les deux premières décennies du troisième millénaire. Après la grippe espagnole, entre 1918 et 1920, la grippe asiatique en 1957, la grippe de Hong-Kong en 1968, la grippe russe en 1977 et la grippe A (H1N1) en 2009 : le virus couronné.

Lorsque nous songeons à la démesure et à la complexité de l'Univers, nous avons le sentiment d'être écartelés entre l'infiniment petit et l'infiniment grand, sans comprendre que nous sommes l'un des chaînons, l'un des liens qui les relient l'un à l'autre. Du côté de l'infiniment petit, nous portons en nous des galaxies de cellules, de virus et de bactéries. Selon les estimations, un corps humain adulte renferme entre 10 000 et 100 000 milliards de cellules. Du côté de l'infiniment grand, la Voie lactée, qui est notre galaxie, comprend de 200 à 400 milliards d'étoiles et au moins 100 milliards de planètes. La part de l'Univers qui nous est visible compte quant à elle à peu près dix mille milliards de milliards d'étoiles, réparties dans 100 à 200 milliards de galaxies. Chaque jour, environ dix milliards d'étoiles y naissent, tandis qu'un million d'autres explosent dans l'éclair fulgurant d'une supernova. Il faudrait environ 1,3 million de planètes Terre pour emplir intégralement le Soleil, qui est pourtant une étoile aux dimensions relativement modestes. Les astronomes partagent avec les biologistes cette étude des échelles démesurées : le microscope est en effet le cousin du télescope.

Vladimir Jankélévitch a su synthétiser cette tension en une phrase tout à fait juste : « L'homme est infiniment grand par rapport à l'infiniment petit et infiniment petit par rapport à l'infiniment grand ; ce qui le réduit presque à zéro. » C'est précisément ce presque zéro qui serait le chaînon humain entre les particules élémentaires et la plus grosse étoile que nous ayons jusqu'à présent détectée dans la voie lactée. Cette supergéante rouge, nommée UY Scuti et située à 5 200 années-lumière de nous, dans la constellation de l'Écu

de Sobieski, est 1 700 fois plus grande que le Soleil et pourrait, si on la mettait au centre du système solaire, s'étendre jusqu'à Saturne !

Antoine de Saint-Exupéry avait raison d'écrire dans *Courrier Sud* que « les étoiles mesurent pour nous les vraies distances ». On pourrait ajouter en le plagiant que « les virus mesurent pour nous les vraies distances ». Les étoiles, comme les virus, nous renvoient à notre juste échelle : celle du presque zéro. Comme le disait pourtant Camille à Perdican, sous la plume de Musset qui avait plagié George Sand pour écrire *On ne badine pas avec l'amour* : « Tous les hommes sont menteurs, inconstants, faux, bavards, hypocrites, orgueilleux et lâches, méprisables et sensuels ; toutes les femmes sont perfides, artificieuses, vaniteuses, curieuses et dépravées ; le monde n'est qu'un égout sans fond où les phoques les plus informes rampent et se tordent sur des montagnes de fange ; mais s'il y a au monde une chose sainte et sublime, c'est l'union de deux de ces êtres si imparfaits et si affreux. »

Terre des hommes

Notre environnement ne se limite pas aux volcans, à la forêt et à la couche d'ozone qui ont précédé les premiers pas de l'humain sur la planète. Il est bien sûr *naturel*, mais il est surtout artificiel, puisque nous nous le sommes construit de toutes pièces au fil des millénaires. Notre environnement est donc également urbain, social, économique, temporel et spirituel.

Antoine de Saint-Exupéry ressemblait à Monsieur Jourdain, qui faisait de la prose sans le savoir : il était un adepte de l'écologie et du développement durable, bien avant la lettre. Son écologie se voulait globale, à l'image de celle qui détermine aujourd'hui les conditions de notre survie et qui rend l'écologie humaine encore plus urgente que l'écologie verte, ne serait-ce que parce que la première conditionne la seconde. Gérer notre urbanisme, savoir vivre ensemble, consommer différemment, apprendre à durer pour transmettre l'héritage que nous avons reçu, échapper à notre narcissisme instinctif qui compromet le développement de l'humanité : tels sont les défis que nous devons relever et qui ont été recensés dans l'œuvre de Saint-Exupéry, bien avant que nous n'ayons plus d'autre choix que de les affronter.

La Terre en héritage, c'est un peu l'alternative fondamentale et décisive proposée aux Terriens. Une terre promise qui ne demande pas, pour être peuplée, de navette spatiale ou de voyage vers Mars. Un paradis oublié que nous révèle l'œuvre de l'aviateur-écrivain et qui sommeillait, enfoui dans nos rêves depuis la nuit des temps. À l'orée du troisième millénaire, il fallait révéler cette vision d'Antoine de Saint-Exupéry qui gagnerait à inspirer aujourd'hui les programmes de bien des partis politiques. Son regard d'enfant est pour cela venu à mon secours : il s'adresse directement à chacun de vous, chers lecteurs, qui allez effeuiller page après page *La Terre en héritage*.

Soixante ans après la disparition d'Antoine de Saint-Exupéry, le regard du Petit Prince permet de contempler notre Terre au miroir des mots de son créateur. Il en dresse l'inventaire et signifie que notre système solaire n'est qu'un grain de poussière infiniment petit par rapport à la Voie lactée qui l'entoure, qui est elle-même microscopique face à l'immensité de l'Univers. Dans ces espaces infinis qui vont des galaxies aux protéines et aux virus et ne sont pas éternellement silencieux comme le craignait Pascal, dans ce décor

bercé par le rire des étoiles, le Petit Prince et son créateur nous rappellent au choix qui s'offre à nous : abuser des poisons humains et compromettre ainsi notre avenir ou cultiver les antidotes qui nous perpétueront.

Dans mon livre *Antoine de Saint-Exupéry – Journal d'une vie*, l'enfant blond créé par Antoine de Saint-Exupéry est provisoirement réapparu. Il m'a symboliquement aidé à raconter la vie de son créateur en l'illustrant avec ses mots et ses trésors. Aujourd'hui, c'est le portrait d'Antoine de Saint-Exupéry enfant qui sert de fil d'Ariane à cet ouvrage. Les notices, écrites par mes soins et inspirées par la pensée d'Antoine de Saint-Exupéry, ne font qu'introduire les extraits de son œuvre. Antoine enfant : sans doute l'autoportrait le plus représentatif du Petit Prince !

Puissiez-vous aimer à la folie le créateur du Petit Prince en effeuillant ce livre comme une marguerite, comme une rose. Puissiez-vous préserver cette planète d'adoption du Petit Prince, cette Terre vue de l'âme, contemplée par les yeux de l'enfance, qui expriment à la fois le regard du poète, celui de l'aviateur et celui du spationaute de la planète B 612 qu'Antoine était devenu, par la magie des mots.

Jean-Pierre Guéno

Chapitre 1

Le Petit Prince et l'Univers

« Il nous faut prendre conscience de nous-mêmes et de l'Univers. Il nous faut, dans la nuit, lancer des passerelles. »

Terre des hommes

Une seconde-lumière sépare la Lune de la Terre, soit 384 400 km. 78 000 années-lumière séparent la Terre des étoiles les plus lointaines de la Voie lactée.

L'origine du monde

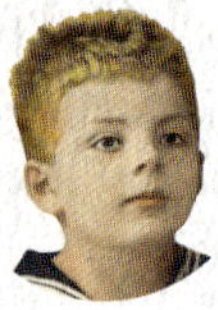

Dans un univers né il y a treize ou quatorze milliards d'années : une planète bleue escortée d'une lune grise, excentrées, au sud du cœur d'une Voie lactée. Le décor est planté. Voici notre matrice, perdue dans l'espace. La Terre et les autres planètes du système solaire se sont formées il y a 4,467 milliards d'années en se détachant du soleil en formation. Les volcans ont généré l'atmosphère et les comètes les glaces ; le tout a produit les océans. La première molécule aurait vu le jour il y a quatre milliards d'années et la vie, née des sources chaudes jaillies du ventre de la Terre, serait apparue entre 200 et 500 millions d'années plus tard. Si tout va bien, la fin de notre petit monde n'interviendra que d'ici cinq milliards d'années, lorsque le Soleil, en explosant, avalera la Terre.

Le ciel entier saisi par le télescope spatial Planck, révélant la plus ancienne lumière émise par l'Univers, issue du Big Bang, il y a 13,7 milliards d'années.

« Toutes les richesses du monde logeaient dans un grain de poussière égaré parmi les constellations. »

Terre des hommes

La Voie lactée héberge 200 milliards d'étoiles.
Notre Soleil est situé à 26 000 années-lumière de son centre.

La Voie lactée abrite notre système solaire. Son noyau central et lumineux est épais de 300 années-lumière.

« Ton sourire du matin est la signification de toute chose et dès lors tu commences de naître. »

Citadelle

Terre colorée par la Nasa pour de meilleures observations climatiques.

La naissance du Petit Prince

J'ai perdu mon père à l'âge de quatre ans. Lorsque j'étais enfant, Marie, ma mère, me lisait les *Contes* d'Andersen, qui me tenaient éveillé bien plus qu'ils ne m'endormaient. L'histoire de *La Petite Sirène* a ému ma petite enfance : je l'ai retrouvée en 1941, à Los Angeles, aux États-Unis. Alors que j'étais hospitalisé pour soigner les séquelles de mes nombreux accidents et que j'écrivais *Pilote de guerre*, mon amie, la comédienne Annabella, me relisait pour me distraire la triste histoire de la femme-poisson. Je me suis alors replongé dans les *Contes* d'Andersen. J'y ai redécouvert la plus populaire de toutes ses œuvres, mal connue en France : *Le Livre d'images sans images*. Hans Christian Andersen avait ainsi imaginé que la lune venait chaque soir lui rendre visite dans sa mansarde pour lui raconter une histoire tirée de ses voyages. Elle lui décrivait les paysages qui l'avaient charmée, de Copenhague à Bénarès, du Groenland au Sahara ; Venise, Pompéi ou les rives du fleuve jaune. « Peins ce que je te raconte et tu auras un beau livre d'images », lui avait-elle murmuré. La lune d'Andersen est devenue l'astéroïde B 612 : la planète de mon Petit Prince. Sur mes premiers dessins, il porte les ailes d'un ange, tout comme la Petite Sirène avait une queue de poisson.

Marie, la mère d'Antoine.

Antoine de Saint-Exupéry enfant.

Suzanne Georgette Charpentier, dite Annabella, comédienne et grande amie d'Antoine.

Le Petit Prince et la Terre

Outre les millions d'étoiles, il y a huit planètes identifiées dans l'univers de mon Petit Prince. La sienne, la planète B 612, celle du roi, la planète 325, celle du vaniteux, la planète 326, celle du buveur, la planète 327, celle du businessman, la planète 328, celle de l'allumeur de réverbères, la planète 329, celle du géographe, la planète 330 et, enfin, notre Terre. Vous l'avez bien compris, la Terre, c'est un peu la synthèse des six planètes qui le séparent de sa planète B 612 : avec ses 111 rois, ses 7 000 géographes, ses 900 000 businessmen, ses 7,5 millions d'ivrognes, ses 311 millions de vaniteux et ses milliards de grandes personnes... En n'oubliant pas les 462 000 allumeurs qui font briller leurs réverbères depuis l'invention du gaz et de l'électricité. Lorsque quelqu'un est original et sort de l'ordinaire, on dit de lui qu'il vient d'une autre planète ; une planète mythique dont on ne sait plus très bien si elle relève de la réalité ou de la fiction, du passé, du présent ou de l'avenir... La Terre, c'est peut-être la véritable planète d'adoption du Petit Prince. Joséphine Baker avait deux amours : son pays et la France. Mon Petit Prince a deux planètes : sa planète natale et la Terre.

« Il lui fallait construire sa propre passerelle sur l'abîme, rejoindre l'autre part de soi à travers l'espace et le temps. »

Citadelle

Le businessman.

La planète idéale

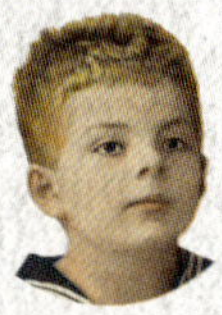

C'est de cette planète dont je voudrais vous parler. Celle que je n'ai jamais cessé de survoler avec mon avion. Celle que nous croyons connaître et que nous ne savons plus regarder. Celle dont nous croyons avoir fait le tour. Celle qui nous héberge et qui nous a vus naître. Celle où nous vivons en parasites, mais que nous n'habitons pas, comme un lit dont nous aurions oublié d'ouvrir les draps avant de nous y endormir. Je veux vous parler de ma planète telle que je l'ai découverte. Il s'agit de la planète idéale, exotique et fantasmée des jeux de notre enfance. Celle où notre imagination nous permet de nous replier lorsque nous pensons qu'il nous faudra un jour fuir la Terre au cas où elle deviendrait invivable... Une planète différente, un refuge où nous pourrions vivre autrement, en portant sur elle un autre regard, en y redécouvrant ce que nous n'y regardons plus, en y développant un autre rapport avec nos racines, avec la terre, avec la ville, avec nos semblables, un autre rapport avec l'argent, avec le temps, avec nos responsabilités... Un autre rapport avec nous-mêmes.

« Les étoiles mesurent pour nous les vraies distances. »

Courrier Sud

Le roi.

Le businessman.

« Je possède les étoiles, puisque jamais personne avant moi n'a songé à les posséder. »

Le Petit Prince

Un jour tout neuf

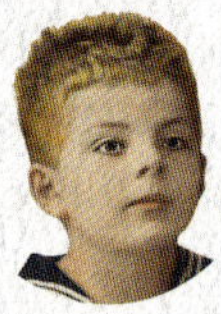

Chaque jour est comme une nouvelle vocation. Nous devrions contempler chaque matin comme le premier matin du monde. Nous sommes tous un jour tombés du nid de notre enfance. Un nid dont chaque brindille était une racine. Certes, nous avons dû déserter la mer intérieure du ventre qui nous avait porté pour apprendre à marcher sur la Terre, mais il nous reste quelque chose de la petite sirène d'Andersen. Nous nous en souvenons lorsque nous réapprenons à nager. Il nous reste quelque chose de ce regard émerveillé que nous savions porter sur un monde nouveau, lorsque chaque instant était une découverte face à laquelle nous aurions pu crier : « Terre ! », à l'exemple des explorateurs découvrant les Amériques. Il nous suffit de retrouver ce regard pour que chaque jour soit ce qu'il est toujours en réalité : un jour tout neuf, puisque la journée qui précède vient d'être effacée sur l'ardoise magique de la nuit, à l'image des vagues qui effacent sur les plages les murailles de nos châteaux de sable.

« Quiconque accède à la contemplation se change en semence. »

Pilote de guerre

«Je me souviens des jeux de mon enfance, du parc sombre et doré que nous avions peuplé de dieux, du royaume sans limites que nous tirions de ce kilomètre carré jamais entièrement connu, jamais entièrement fouillé. Nous formions une civilisation close, où les pas avaient un goût, où les choses avaient un sens qui n'était permis dans aucune autre.»

Terre des hommes

« Les vocations sans doute jouent un rôle. Les uns s'enferment dans leurs boutiques. D'autres font leur chemin, impérieusement, dans une direction nécessaire : nous retrouvons en germe dans l'histoire de leur enfance les élans qui expliqueront leur destinée. Mais l'Histoire, lue après coup, fait illusion. Ces élans-là, nous les retrouverions chez presque tous. Nous avons tous connu des boutiquiers qui, au cours de quelque nuit de naufrage ou d'incendie, se sont révélés plus grands qu'eux-mêmes. Ils ne se méprennent point sur la qualité de leur plénitude : cet incendie restera la nuit de leur vie. Mais, faute d'occasions nouvelles, faute de terrain favorable, faute de religion exigeante, ils se sont rendormis sans avoir cru en leur propre grandeur. Certes les vocations aident l'homme à se délivrer : mais il est également nécessaire de délivrer les vocations. »

Terre des hommes

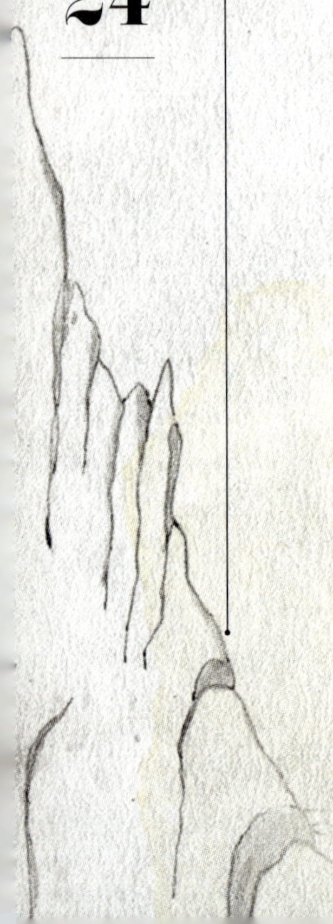

« Que reste-t-il lorsque, devenu homme, on vit sous d'autres lois, du parc plein d'ombre de l'enfance, magique, glacé, brûlant, dont maintenant, lorsque l'on y revient, on longe avec une sorte de désespoir, de l'extérieur, le petit mur de pierres grises, s'étonnant de trouver fermée dans une enceinte aussi étroite, une province dont on avait fait son infini, et comprenant que dans cet infini on ne rentrera jamais plus, car c'est dans le jeu, et non dans le parc, qu'il faudrait rentrer. Mais il n'est plus de dissidence. »

Terre des hommes

Chapitre 2

Entretenir la planète

« Quand on a terminé sa toilette du matin, il faut faire soigneusement la toilette de la planète. »

Le Petit Prince

La beauté de la Terre

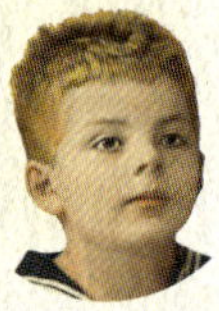

La Terre est bleue comme une orange, dit l'un de nos poètes. J'ai toujours aimé la Terre vue d'avion, la Terre apaisée, la Terre qui porte ses montagnes et ses plaines, ses rivières et ses glaciers, ses villes et ses villages, ses fermes endormies, ses troupeaux et ses collines. Ses haies. Ses chemins creux. Ses coins de verdure et ses forêts tranquilles sur lesquelles pleuvent les rayons de lune, inlassablement, sans les colorer. Et ses déserts. Et ses jardins. Et la mer. La mer, qui sans bruit porte ses îles de glace, de sable ou de corail. Et ses moutons d'écume, dessinés, perchés sur ses vagues.

« La Terre nous apprend plus long sur nous que tous les livres. Parce qu'elle nous résiste. »

Terre des hommes

Vue aérienne du réservoir Guri, sur la rivière Caroni, au Venezuela.

« D'où les hommes tirent-ils ce goût d'éternité, hasardés comme ils sont sur une lave encore tiède, et déjà menacés par les neiges ? »

Terre des hommes

L'Atsonupuri en hiver, sur l'île d'Iturup, située dans les îles Kouriles, en Russie

« Un printemps va remplir la trame, monter dans les branches, éclater les bourgeons, refaire neuves ces voûtes vertes qui ont la profondeur de l'eau et son mouvement. »

Courrier Sud

Vue aérienne d'une plantation de riz à Bali.

Le rappel de la nature

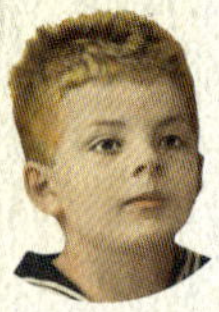

Le plus souvent, nous sommes nés dans la forêt. Mille ans avant Jésus-Christ, la France était recouverte d'une forêt de 40 millions d'hectares, qui n'épargnait que ses zones de marécages, sa haute montagne et certains espaces côtiers. En l'an mille, nous étions 8 millions d'habitants et nous vivions encore dans un pays recouvert de forêts sur 60 % de son territoire. Puis, nos champs et nos cultures sont venus concurrencer nos arbres avant même l'asphalte de nos villes. En 1914, la forêt de France occupait 10 millions d'hectares. Elle a gagné du terrain et couvre aujourd'hui plus du tiers de notre pays : deux fois plus qu'en 1827 ! Nos forêts d'Europe se portent bien. Notre problème est ailleurs. En effet, notre forêt amazonienne a perdu près de 20 % de sa surface en trente ans. En l'espace d'un tiers de vie d'homme, nous y avons déboisé l'équivalent du territoire français. Nos volcans, quant à eux, sont en forme. Beaucoup sont endormis, mais 1 500 sont actifs. Pour ce qui est de nos baobabs, on dit qu'ils sont menacés par nos éléphants, eux-mêmes pourtant en voie de disparition. En réalité, les graines de baobab ne germent qu'après leur corrosion dans l'estomac des éléphants, qui les rejettent ensuite. Alors, le sort de nos éléphants et de nos baobabs est lié. J'étais loin de me douter que les baobabs et les volcans de la planète de mon Petit Prince étaient, au fond, beaucoup moins dangereux que mes semblables.

**« C'est curieux [...]
comme se révèle une grande
force obscure, la même
qui soulève les forêts vierges. »**

Vol de nuit

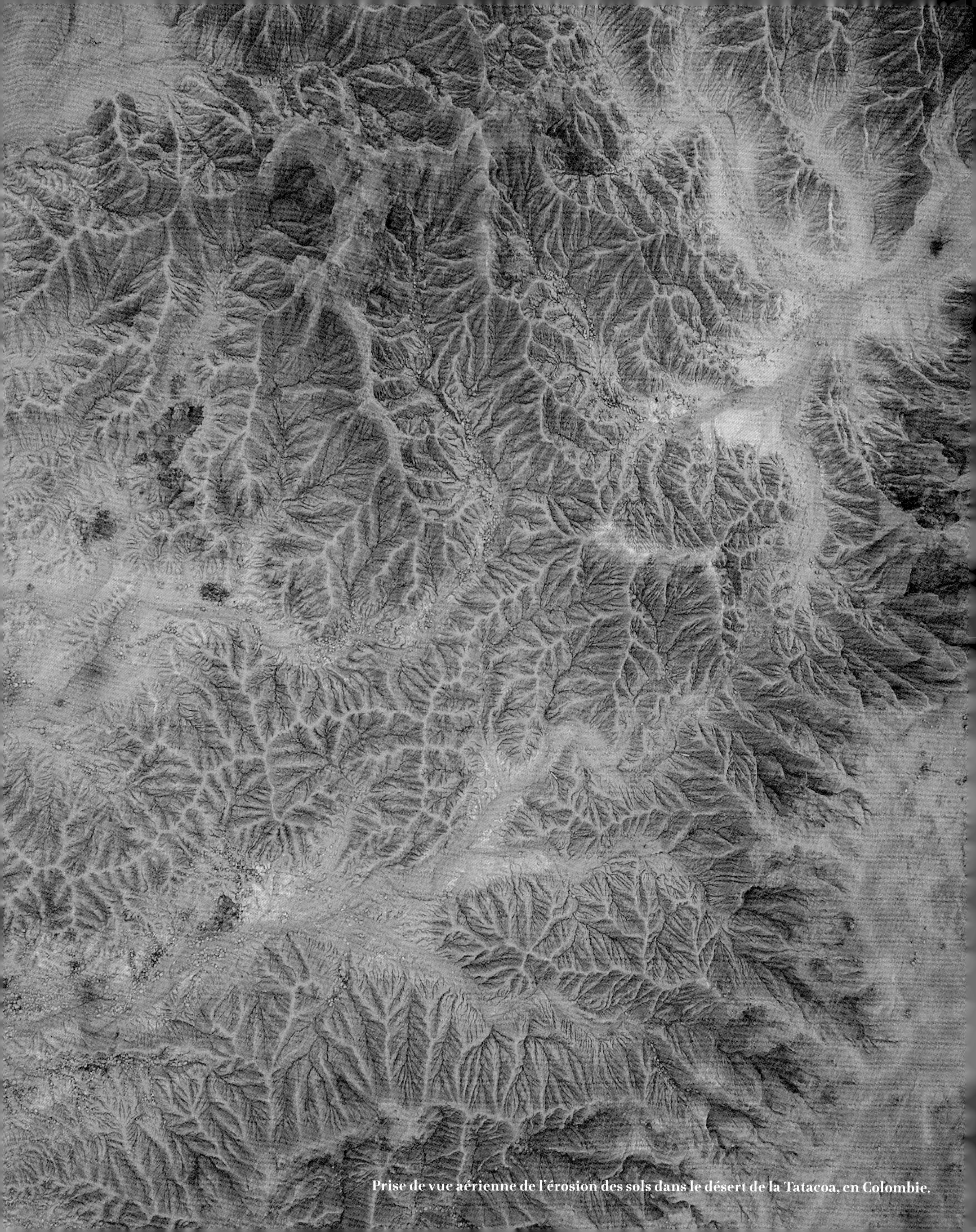

Prise de vue aérienne de l'érosion des sols dans le désert de la Tatacoa, en Colombie.

« Les forêts gardent leur épaisseur de fourrure : Terre habitée... »

Terre des hommes

Prise de vue aérienne d'une forêt en Allemagne.

L'écologie du volcan et du baobab

Nous n'avons pas la possibilité qu'avait mon Petit Prince sur sa planète B 612 de ramoner les volcans et d'arracher les bébés baobabs à leur naissance. Quoi que nous en pensions, il n'y a pas d'équilibre naturel véritablement favorable ou défavorable à notre espèce. La loi de notre jungle est en même temps celle du meilleur et celle du pire, de l'harmonie et du chaos. La nature qui nous entoure est à la fois douce et violente. Le vent, le soleil et l'eau sont alternativement nuisibles et bienfaisants. Sans muselière, nos moutons menacent de dévorer nos roses. Puisque nous ne pouvons pas les ramoner, nos volcans risquent d'exploser et notre planète d'être étouffée par nos baobabs. Sous son globe de verre, la fleur de mon Petit Prince n'a que quatre épines de rien du tout pour se protéger des volcans, des baobabs et des moutons.

Ainsi en va-t-il également de notre Terre, dont le destin dépend de la poussière vivante et des virus qui nous résument, qui nous font vivre, mais qui peuvent aussi nous faire mourir... Nous sommes presque huit milliards de bipèdes et 700 millions parmi nous vivent sur les pentes d'un volcan non éteint. La Terre, notre empire, notre colonie est en permanence tributaire de notre part d'ombre et de notre part de lumière. De notre part d'humanisme et de notre part de barbarie. À chaque seconde qui passe, nos déserts dévorent un nouvel hectare de notre planète, tandis que nos bûcherons détruisent un hectare de nos forêts. Chaque être vivant est simultanément prédateur et protecteur, mais seule notre engeance humaine est responsable ou irresponsable, libre de subir ou d'essayer de maîtriser les forces de la nature, de détruire ou de préserver, de gérer ou de compromettre le devenir de la planète que nous avons reçue en héritage.

Sur 1 500 volcans terrestres actifs, 60 entrent en éruption chaque année, surtout sous la mer

« Eau, tu n'as ni goût, ni couleur, ni arôme, on ne peut pas te définir, on te goûte, sans te connaître. Tu n'es pas nécessaire à la vie : tu es la vie. Tu nous pénètres d'un plaisir qui ne s'explique point par les sens. Avec toi rentrent en nous tous les pouvoirs auxquels nous avions renoncé. Par ta grâce, s'ouvrent en nous toutes les sources taries de notre cœur. Tu es la plus grande richesse qui soit au monde, et tu es aussi la plus délicate, toi si pure au ventre de la terre. On peut mourir sur une source d'eau magnésienne. On peut mourir à deux pas d'un lac d'eau salée. On peut mourir malgré deux litres de rosée qui retiennent en suspens quelques sels. Tu n'acceptes point de mélange, tu ne supportes point d'altération, tu es une ombrageuse divinité… Mais tu répands en nous un bonheur infiniment simple. »

Terre des hommes

Rivière Wairau, Nouvelle-Zélande.

« Par l'avion, on quitte les villes et leurs comptables, et l'on retrouve une vérité paysanne. On fait un travail d'homme et l'on connaît des soucis d'homme. On est en contact avec le vent, avec les étoiles, avec la nuit, avec le sable, avec la mer. On ruse avec les forces naturelles. On attend l'aube comme le jardinier attend le printemps. On attend l'escale comme une terre promise, et l'on cherche sa vérité dans les étoiles. »

Terre des hommes

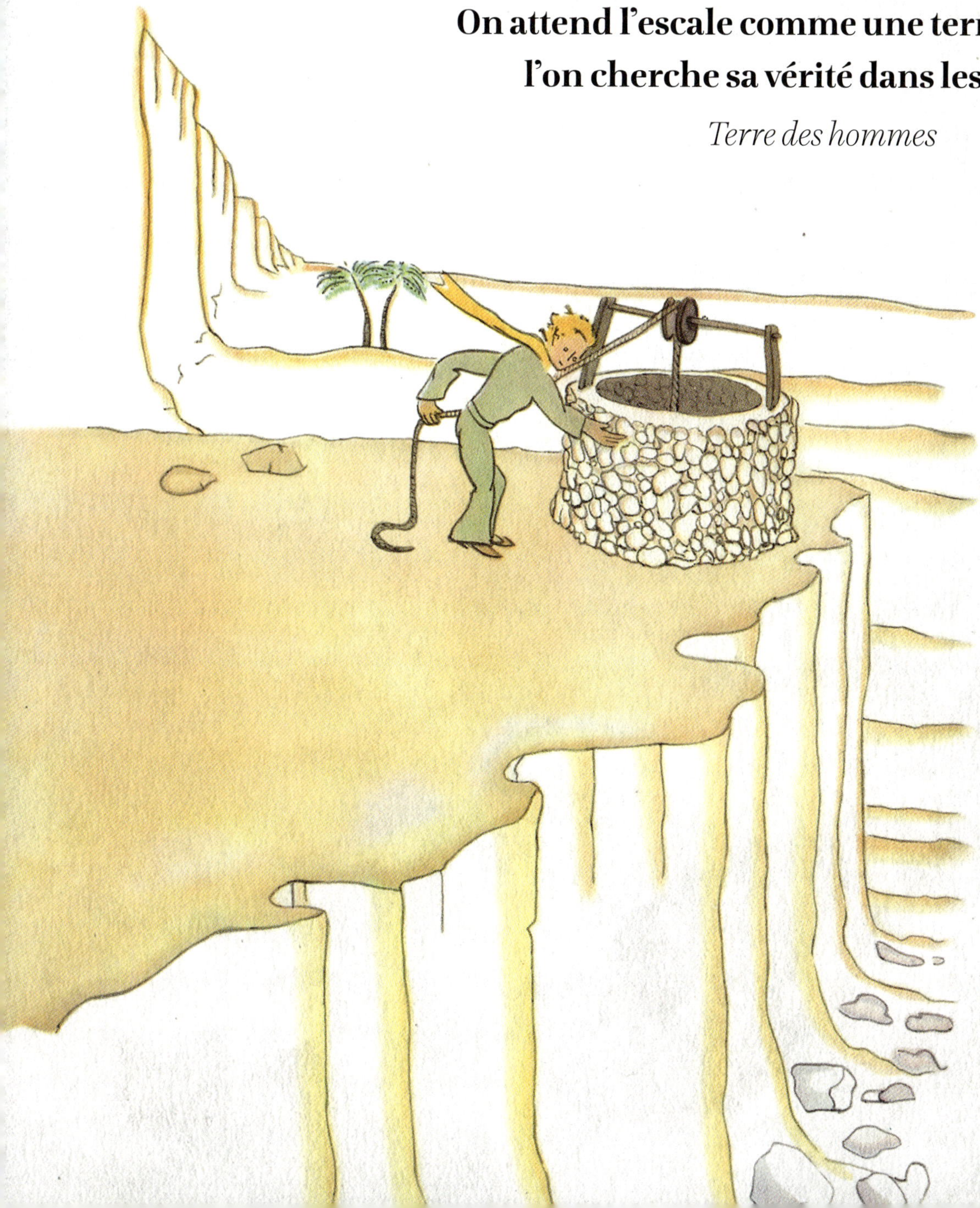

**« Je reçois le passé
de mon empire en héritage. »**

Citadelle

« L'homme et la forêt.
Et quand il n'y aura plus rien que l'homme,
l'homme s'emmerdera excessivement.
Il a déjà perdu contact avec le fauve, et,
en partie, avec les forces de la nature,
et voici qu'il transforme la planète
en terre maraîchère. »

Carnets

Baobabs au sud de Belo-sur-Mer, région de Toliara, Madagascar

Chapitre 3

Gérer les termitières

« Mais ce mélange de ferveur et de sommeil, ce feu sous les cendres de la Voie lactée. Mais la ville. »

Citadelle

109

La beauté de la ville

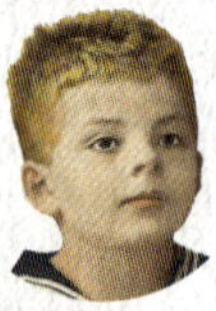

Nos villes sont belles. Elles se sont bâties autour des donjons, des églises et des temples, resserrant le damier de leurs toits et le dédale de leurs rues étroites dans les ceintures de leurs douves, de leurs tours, de leurs portes et de leurs remparts. Oui, elles sont belles avec leurs maisons blotties entre leurs caves et leurs greniers, avec leurs chemins de rondes coiffés de créneaux et de mâchicoulis qui les protègent de la campagne. Avec leurs ponts-levis, pareils aux couvercles des malles de nos enfances, gardiens de nos secrets. Avec leurs passages qui portent la mémoire du cri des porteurs d'eau et leurs jardins cachés, trahis par le chant des fontaines.

« Trésors ensevelis dans les profondeurs de la nuit comme dans les mers fabuleuses... »

Vol de nuit

Il a fallu des centaines de photos satellitaires à la NASA pour reconstituer ce planisphère nocturne de la Terre.

« Douceur bleue où les villes sont comme des œufs dans les nids des campagnes. »

Citadelle

Quartier financier de Manhattan, New York City, États-Unis.

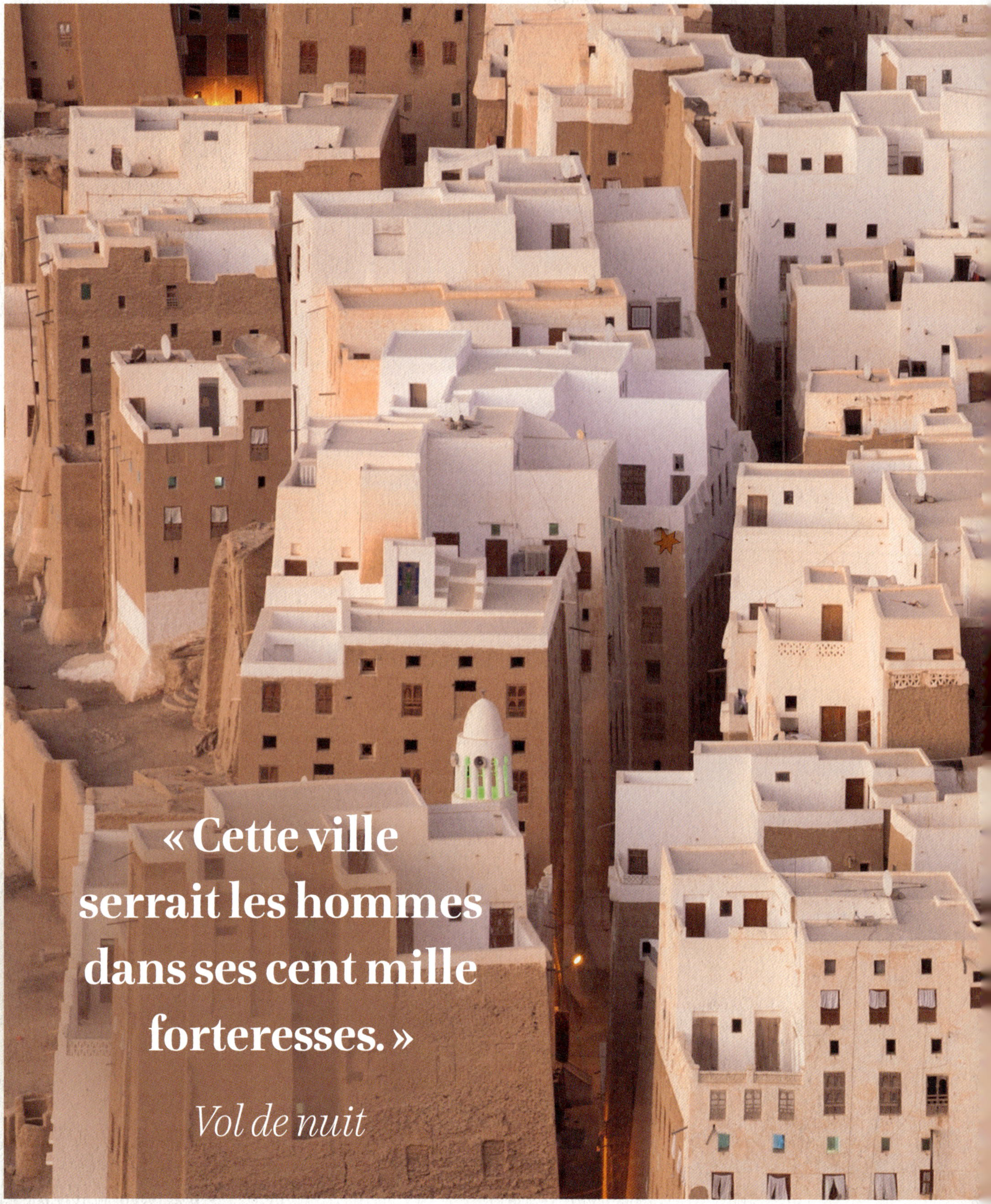

« Cette ville serrait les hommes dans ses cent mille forteresses. »

Vol de nuit

L'ancienne ville de Shibam, aussi appelée « Manhattan du désert », est située au Yémen. Elle est classée au patrimoine mondial de l'UNESCO.

L'appel de la ville

La ville : mariage du verre et du béton. L'un et l'autre sont tirés du sable qui tapisse nos plages et nos déserts. Après l'eau potable, le béton est le produit que nous utilisons le plus. Ainsi, nous produisons chaque année un mètre cube de béton par Terrien. La nuit, le verre et le béton de nos villes s'illuminent. Nos routes et nos gratte-ciels composent des vitraux vibrants, pour le plus grand plaisir de nos aviateurs et de nos astronautes. Elles sont devenues tentaculaires, nos termitières, à l'image de nos rêves, de nos démesures et de nos ambitions.

« Toute cette foule, toutes ces lumières, il me semble que ça pose d'abord, et d'une façon écrasante, le problème de la destinée. »

Lettre à Pierre Chevrier, janvier 1938

« Si tu surplombes la ville et te recules dans le temps pour voir sa démarche, tu découvriras bien à travers la confusion, l'égoïsme, l'agitation des hommes, la lente et calme démarche du navire. »

Citadelle

« Buenos-Aires, déjà, emplissait l'horizon de son feu rose, et bientôt luirait de toutes ses pierres, ainsi qu'un trésor fabuleux. »

Vol de nuit

Paris, « ville lumière », photographiée de nuit par les astronautes de la Station spatiale internationale.

« J'aimais, au Paraguay, cette herbe ironique qui montre le nez entre les pavés de la capitale, qui, de la part de la forêt vierge invisible, mais présente, vient voir si les hommes tiennent toujours la ville, si l'heure n'est pas venue de bousculer un peu toutes ces pierres. J'aimais cette forme de délabrement qui n'exprime qu'une trop grande richesse. »

Terre des hommes

Appartements à Hong Kong.

« J'habite au vingt-cinquième étage d'un hôtel en pierre, et j'écoute à travers ma fenêtre la voix d'une ville nouvelle. Et cette voix me semble déchirante. Les rafales de vent y font le même bruit que dans les cordages. Il y a là, en dehors, de grands mouvements invisibles. Et des cris. Et des plaintes. Et des bruits de marteaux et d'enclume. Et je ne sais d'où montent ces courtes sirènes qui expriment si bien le danger. Ce tumulte de pleine mer. Ce remue-ménage de navire un peu en perdition. Je n'ai jamais senti ça si fort, cet entassement d'hommes dans leurs pyramides de pierre, et qui font tous ces bruits de départ, de charroi, de naufrage, et qui s'agitent entre leur planète et les étoiles, sans rien comprendre de leur voyage et sans capitaine. »

Lettre à Pierre Chevrier, janvier 1938

« Carcassonne, escale de secours, sous lui dérive. Quel monde bien rangé aussi – trois mille mètres. Rangé comme dans sa boîte la bergerie. Maisons, canaux, routes, jouets des hommes. Monde loti, monde carrelé, où chaque champ touche sa haie, le parc son mur. Carcassonne où chaque mercière refait la vie de son aïeule. Humbles bonheurs parqués. Jouets des hommes bien rangés dans leur vitrine. Monde en vitrine, trop exposé, trop étalé, villes en ordre sur la carte roulée et qu'une terre lente porte à lui avec la sûreté d'une marée. »

Courrier Sud

Vue aérienne de la ville médiévale de Carcassonne, dans le Sud de la France.

« Mais
ce souffle
divers d'un
corps unique.
Mais la ville. »

Vol de nuit

« Derrière le hublot,
la fourmilière humaine :
villes assises dans leur plaine,
au centre de leurs routes
qui s'ouvrent en étoile, et les
nourrissent, ainsi que des
artères, du suc des champs. »

Terre des hommes

Échangeur routier de Yokohama, baie de Tokyo, Japon

L'écologie de la ville

Je les aime, nos villes endormies : celles que je contemple au cours de mes vols de nuit, avec leurs veines et leurs artères de lumière. J'aime les feux de nos villes, avec leurs cœurs de verre et leurs bijoux de néons, nids de braises tapis dans leur écrin nocturne, dans leur nuit épaisse. Nos villes pauvres et nos cités en guerre sont des villes éteintes, des villes de cendre cachées par nos couvre-feux. Nos villes riches et nos cités en paix sont des villes lumières. Éteintes ou allumées, nos villes sont des pièges. Des termitières. En effet, il y a, à Paris, autant de rats que d'habitants... et que dire de nos termites ! Paris n'est que la vingt-septième ville de notre monde. Il y a, sur notre Terre, trente villes de plus de dix millions d'habitants. Depuis quelques années, nous sommes plus d'un sur deux à vivre dans la rue d'une ville ou d'une banlieue. J'ai survolé nos mégalopoles nord et sud-américaines : j'ai habité nos hôtels de pierre de trente étages et nos cités nouvelles. À côté d'elles, nos petites villes françaises de province ont l'air de jouets miniatures.

« Les villes de chez moi étaient,
la nuit, couleur de cendre.
Je m'y étais déshabitué de toute lueur,
et cette capitale rayonnante me causait
un vague malaise. Si le faubourg
alentour est sombre, les diamants
d'une vitrine trop éclairée attirent
les rôdeurs. On les sent
qui circulent. »

Lettre à un otage

Enseignes de néons dans le quartier de Kowloon, à Hong Kong.

« Qu'ai-je côtoyé de plus repoussant que ce quartier de ville bâti au flanc d'une colline et qui coulait comme un égout jusqu'à la mer ? Les corridors qui débouchaient sur les ruelles versaient par bouffées molles une haleine empestée. »

Citadelle

« Je ne comprends plus ces populations des trains de banlieue, ces hommes qui se croient des hommes, et qui cependant sont réduits, par une pression qu'ils ne sentent pas, comme les fourmis, à l'usage qui en est fait. De quoi remplissent-ils, quand ils sont libres, leurs absurdes petits dimanches ? »

Terre des hommes

« Nous avons glissé – faute d'une méthode efficace – de l'humanité qui reposait sur l'homme – vers cette termitière qui repose sur la somme des individus. »

Pilote de guerre

La forteresse de Shali, située dans la vieille ville de Siwa, en Égypte.

« Entre cet homme
glacé et moi, je sens tous les espaces
vides qui séparent les hommes. On
oublie dans les villes ce qu'est un
homme. Il est réduit à sa fonction :
facteur, vendeur, voisin qui vous
dérange. C'est au fond du désert que
l'on découvre le mieux ce
qu'est un homme. »

Moscou, *Reportages*

« Tu as construit ta
paix à force d'aveugler
de ciment, comme le
font les termites, toutes
les échappées vers la
lumière. »

Terre des hommes

« Salauds qui se sont reproduits sur
ce globe de façon inconsidérée, qui
en ont évincé les diplodocus, les
iguanodons et les loups-garous, qui
en ont sali la surface avec leurs villes,
comme avec des crottes... »

Lettre à Louis Daléas, août 1934

Prise de vue aérienne d'un village viticole situé près de Mâcon, en France.

Chapitre 4

Vivre ensemble

**« Nous sommes solidaires,
emportés par la même planète,
équipage d'un même navire. »**

Terre des hommes

Dormir les uns avec les autres

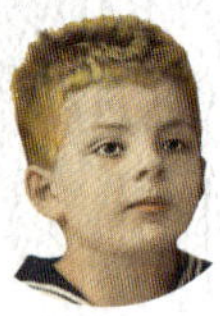

Le jour, nous passons souvent notre temps à nous déchirer, à nous faire la guerre. La nuit nous sert de trêve : il nous arrive de nous y aimer. Nous passons un tiers de nos vies à dormir et nos rêves nocturnes occupent en moyenne six ans de notre existence. La nuit, seuls ou en couples, nous vivons ensemble sans nous affronter, unis par le même sommeil. Nos foules endormies sont silencieuses. Lorsqu'ils naissent, nos petits d'hommes ne rêvent que des autres, jamais d'eux-mêmes. Il leur faut attendre d'avoir trois ou quatre ans pour que leurs rêves les recentrent sur leur petite personne. D'une certaine façon, nos nuits nous rassemblent, alors même que nos jours nous déchirent.

« J'attendrai la nuit pour réfléchir. La nuit bien-aimée. La nuit, la raison dort, et simplement les choses sont. Celles qui importent véritablement reprennent leur forme, survivent aux destructions des analyses du jour. L'homme renoue ses morceaux et redevient arbre calme. Le jour est aux scènes de ménage, mais, la nuit, celui-là qui s'est disputé retrouve l'amour. Car l'amour est plus grand que ce vent de paroles. Et l'homme s'accoude à sa fenêtre, sous les étoiles, de nouveau responsable des enfants qui dorment, du pain à venir, du sommeil de l'épouse qui repose là, tellement fragile et délicate et passagère. L'amour, on ne le discute pas. Il est. Que vienne la nuit, pour que se montre à moi quelque évidence qui mérite l'amour ! Pour que je pense civilisation, sort de l'homme, goût de l'amitié dans mon pays. Pour que je souhaite servir quelque vérité impérieuse, bien que, peut-être, inexprimable encore… »

Pilote de guerre

Façade de fenêtres éclairées sous la pleine lune de Russie.

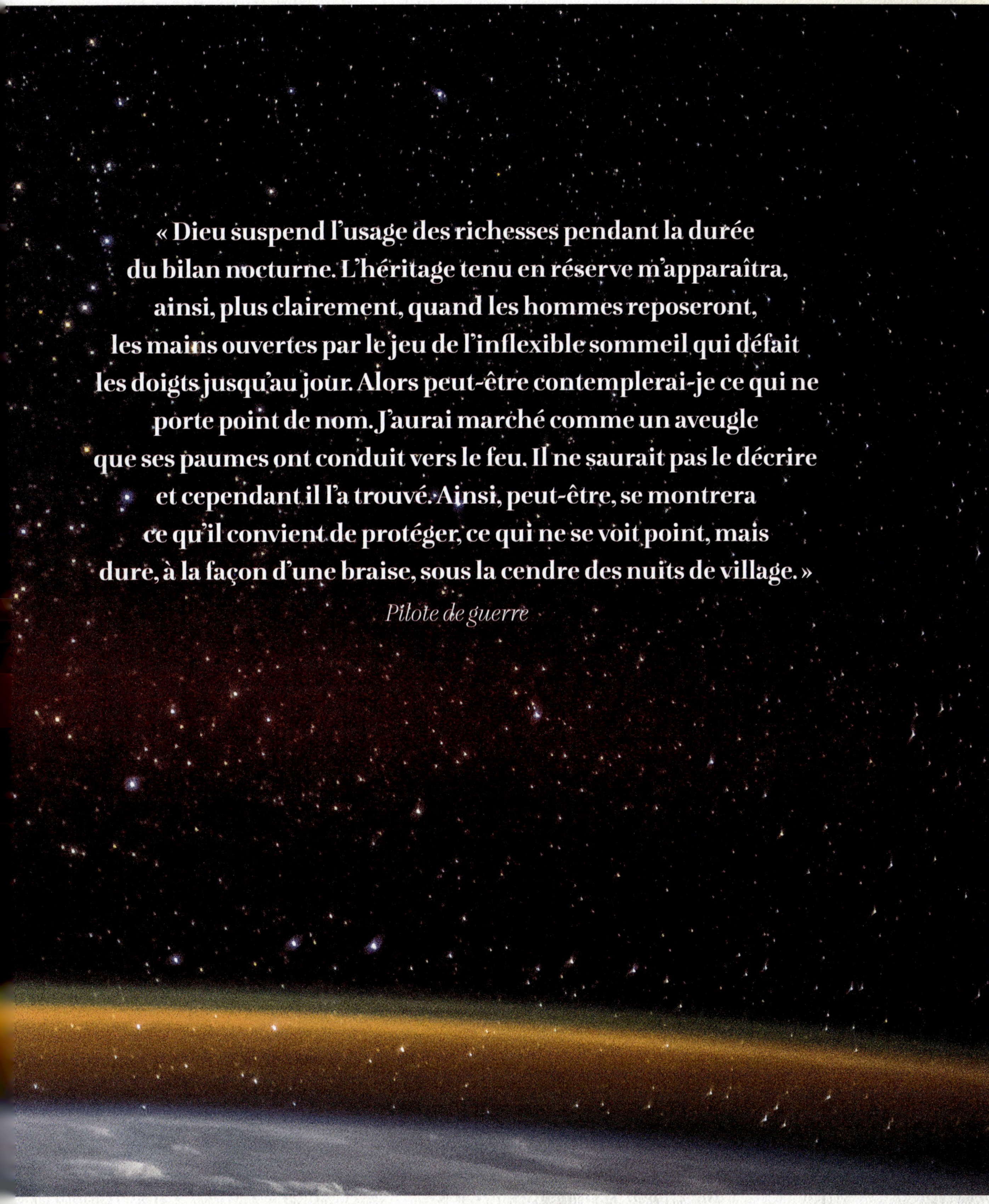

« Dieu suspend l'usage des richesses pendant la durée du bilan nocturne. L'héritage tenu en réserve m'apparaîtra, ainsi, plus clairement, quand les hommes reposeront, les mains ouvertes par le jeu de l'inflexible sommeil qui défait les doigts jusqu'au jour. Alors peut-être contemplerai-je ce qui ne porte point de nom. J'aurai marché comme un aveugle que ses paumes ont conduit vers le feu. Il ne saurait pas le décrire et cependant il l'a trouvé. Ainsi, peut-être, se montrera ce qu'il convient de protéger, ce qui ne se voit point, mais dure, à la façon d'une braise, sous la cendre des nuits de village. »

Pilote de guerre

Prise de vue d'une aurore boréale dorée depuis la Station spatiale internationale, réalisée par Samantha Cristoforetti.

L'écologie sociale

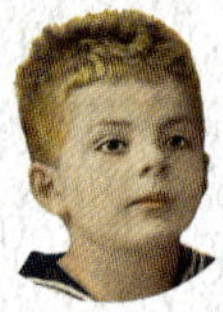

Perdus dans nos foules, nous sommes parfois plus seuls que mon Petit Prince sur sa planète. Nous sommes incorrigibles : pris au piège de nos grandes termitières et cernés par le vertige de notre insignifiance, nous démontrons une certaine tendance à évoluer en orbite autour de notre nombril. Notre société du tout à l'ego et notre narcissisme instinctif nous tiennent lieu de civilisation. Nous finissons par avoir l'illusion de notre autosuffisance. La solidarité devient alors une option facultative dans nos esprits, jusqu'à ce qu'une guerre, une épidémie, un deuil, une catastrophe naturelle ou une rage de dents nous rappelle à l'ordre cruel du monde qui nous entoure et dans lequel notre égoïsme risque de faire de nous des corps étrangers. Cœurs nomades et volages aux amours trop souvent éphémères ; notre égoïsme nous érige en grands solitaires. Notre vie ne s'éclaire pourtant que lorsque nous la tournons vers les autres. Nous ne sommes riches que de l'agrégation de nos différences. Encore nous faut-il redécouvrir les véritables valeurs de l'altruisme, de l'amitié, de la générosité, de la charité et des relations humaines, afin de pouvoir nous épanouir autrement qu'en prédateurs ou en parasites, sans être pour autant écrasés par nos sociétés de masse.

**« Voici qu'ils reposent.
Réservées pour la nuit les paroles
mensongères, endormis les appétits
et les calculs. Détendues les jalousies. »**

Citadelle

**« Mélancolique, j'étais,
car je me tourmentais à propos
des hommes. Chacun tourné
vers soi et ne sachant plus
quoi souhaiter. »**

Citadelle

**« Et maintenant,
au cœur de la nuit comme
un veilleur, il découvre
que la nuit montre l'homme. »**

Vol de nuit

« Nous découvrons avec surprise qu'il est des conditions mystérieuses qui nous fertilisent. Liés aux autres par un but commun, et qui se situe en dehors de nous, alors seulement nous respirons. Nous, les fils de l'âge du confort, nous ressentons un inexplicable bien-être à partager nos derniers vivres dans le désert. »

La Paix ou la Guerre ?

« Il me semble désormais entrevoir mieux ce qu'est une civilisation. Une civilisation est un héritage de croyances, de coutumes et de connaissances, lentement acquises au cours des siècles, difficiles parfois à justifier par la logique, mais qui se justifient d'elles-mêmes, comme des chemins, s'ils conduisent quelque part, puisqu'elles ouvrent à l'homme son étendue intérieure. Une mauvaise littérature nous a parlé du besoin d'évasion. Bien sûr, on s'enfuit en voyage à la recherche de l'étendue. Mais l'étendue ne se trouve pas. Elle se fonde. Et l'évasion n'a jamais conduit nulle part. »

Pilote de guerre

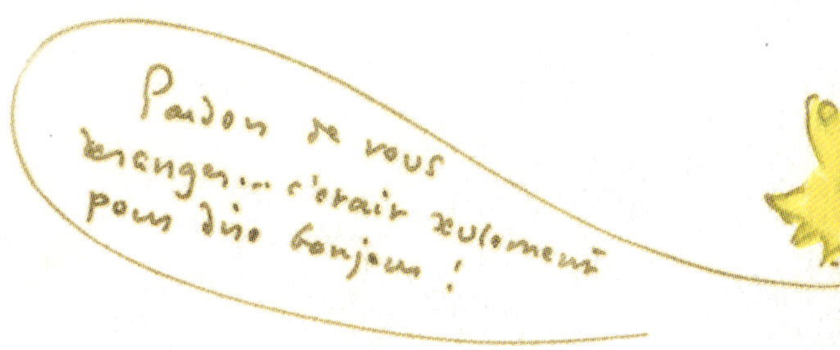

« Il n'y a que le social qui soit pathétique. Notre impuissance à rassurer ceux dont nous sommes responsables. »

Terre des hommes

« Ils ne savent pas que leur désir porte si loin, dans la grande nuit qui les enferme. »

Vol de nuit

« Ils achètent des choses toutes faites chez les marchands. Mais comme il n'existe point de marchands d'amis, les hommes n'ont plus d'amis. »

Le Petit Prince

« Pourquoi nous haïr ?
Nous sommes solidaires, emportés par la même planète, équipage d'un même navire. Et s'il est bon que des civilisations s'opposent pour favoriser des synthèses nouvelles, il est monstrueux qu'elles s'entredévorent. »

Terre des hommes

« On nous découvre en guerre contre nous-mêmes. Alors, nos divisions, nos luttes, nos injures sont celles d'un même corps qui se contracte contre soi-même et qui se déchire dans le sang de l'enfantement. Hâtons-nous de forger la synthèse. »

La Paix ou la Guerre ?

« C'est le tir d'Arras... Le tir a brisé une écorce. Toute cette journée-ci, j'ai sans doute préparé en moi la demeure. Je n'étais que gérant grincheux. C'est ça, l'individu. Mais l'homme est apparu. Il s'est installé à ma place, tout simplement. Il a regardé la foule en vrac, et il a vu un peuple. Son peuple. L'homme, commune mesure de ce peuple et de moi. C'est pourquoi, courant vers le Groupe, il me semblait courir vers un grand feu. L'homme regardait par mes yeux – l'homme, commune mesure des camarades. [...] Et, peu à peu, l'héritage s'est évanoui. Il faut restaurer l'homme. C'est lui l'essence de ma culture. C'est lui la clef de ma communauté. C'est lui le principe de ma victoire. »

Pilote de guerre

Éloge de la diversité

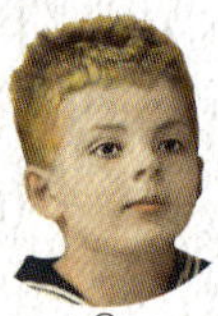

Nous avons parfois tant de mal à vivre ensemble... Parce que les autres aiment crucifier en nous ce qui nous rend différents. Parce que nous avons peur de ceux qui ne nous ressemblent pas. Parce que nos semblables ne nous acceptent pas tels que nous sommes, mais tels qu'ils voudraient que nous soyons. Nous avons tant besoin de nous trouver des victimes expiatoires, des boucs émissaires, des souffre-douleurs. Ils nous rassurent. Ils endossent nos propres doutes, nos propres complexes. Ils nous aident à conjurer nos propres démons. Nous harcelons, nous persécutons, nous martyrisons en eux nos propres turpitudes.

« Moi qui éprouve, comme chacun, le besoin d'être reconnu, je me sens pur en toi et vais à toi. J'ai besoin d'aller là où je suis pur. Ce ne sont point mes formules ni mes démarches qui t'ont jamais instruit sur qui je suis. C'est l'acceptation de qui je suis qui t'a fait, au besoin, indulgent à ces démarches comme à ces formules. Je te sais gré de me recevoir tel que me voici. Qu'ai-je à faire d'un ami qui me juge ? Si j'accueille un ami à ma table, je le prie de s'asseoir, s'il boite, et ne lui demande pas de danser. Mon ami, j'ai besoin de toi comme d'un sommet où l'on respire ! »

Lettre à un otage

« Si je diffère de toi, loin de te léser, je t'augmente. »

Lettre à un otage

« La vie n'a de sens que si on l'échange peu à peu. »

Citadelle

Vue aérienne d'un passage piéton à Mexico.

Étals de marché à Hô-Chi-Minh-Ville, au Vietnam.

« Unifier, c'est nouer mieux les diversités particulières, non les effacer pour un ordre vain. »

Citadelle

« Ta liberté quand elle a fondu tes glaciers en mare te laisse d'abord seul, car tu n'es plus élément du glacier qui gravit le soleil sous son manteau de neige, mais égal à l'autre et au même niveau, sous peine de vous haïr à cause de vos différences. »

Citadelle

« En l'homme se retrouvent, de même, les Français de France et les Norvégiens de Norvège. L'homme les noue dans son unité, en même temps qu'il exalte sans se contredire leurs coutumes particulières. L'arbre aussi s'exprime par des branches qui ne ressemblent pas aux racines. Si donc, là-bas, on écrit des contes sur la neige, si l'on cultive des tulipes en Hollande, si l'on improvise des flamencos en Espagne, nous en sommes tous enrichis en l'homme. »

Pilote de guerre

Chapitre 5

Durer pour transmettre

« L'olivier que j'ai planté
et que mon fils cultivera. »

Terre des hommes

Les quatre saisons

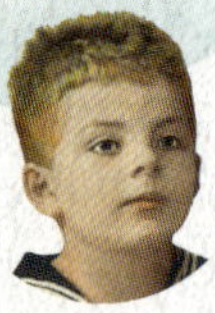

Nous avons l'illusion d'avoir aboli nos saisons, parce que les soutes de nos avions nous rapportent du raisin au printemps, des cerises et des fraises à Noël. Alors, notre temps devient lisse, notre espace se rétrécit. Un sable triste coule dans le grand sablier de notre ennui. Notre vie n'est plus qu'une peau de chagrin, qui flétrit au gré de la satisfaction de nos souhaits de bonheur matériel. Rien ne nous protège plus du vertige du néant. Il nous faut renouer avec les saisons, à la manière de Giuseppe Arcimboldo, ce peintre milanais du XVIe siècle qui juxtaposait dans ses portraits tous les végétaux de la terre.

« Vivre, c'est naître lentement. Il serait un peu trop aisé d'emprunter des âmes toutes faites ! »

Pilote de guerre

« J'ai haï leur intelligence qui n'était que de comptable. Et qui n'observait rien sinon le bilan misérable des choses épuisées dans l'instant. »

Citadelle

Giuseppe Arcimboldo, peintre très populaire à son époque,
est né à Milan en 1527. Il illustre ici les quatre saisons.

« J'ai découvert la carriole à cheval. Par elle, l'herbe des chemins, les moutons et les oliviers. Ces oliviers avaient un autre rôle que celui de battre la mesure, derrière les vitres, à cent trente kilomètres heure. Ils se montraient dans leur rythme vrai, qui est de lentement fabriquer des olives. Je me suis senti revivre. Et il m'a semblé que, durant toute ma vie, j'avais été un imbécile. »

Lettre au général Chambe, 1943

« Voilà maintenant que ce temps gagné il faut le remplir de quelque chose. »

Citadelle

« Pourquoi ne veux-tu point qu'il y ait plusieurs saisons dans la vie d'un homme ? »

Citadelle

L'indispensable maturation

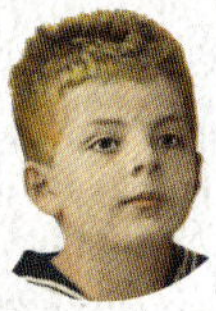

Est-ce pour conjurer le caractère éphémère et fragile de notre existence qu'il nous arrive de nous transformer en anges noirs, en archanges destructeurs capables de détruire en un instant ce que le temps avait mis tant de soin à créer, à façonner ? Nous savons pourtant que notre blé doit mûrir, notre vin vieillir et nos fromages s'affiner, que nous devons grandir, que la pâte de nos pains doit lever et que le bois de nos âtres doit sécher. À force de boire le vin trop jeune et de croquer des fruits trop verts, nous ne goûtons qu'à des printemps acides.

« Lorsque j'ai fondé un visage, il faut qu'il dure. Quand j'ai pétri un visage de terre, je le passe au four pour le durcir et qu'il soit permanent pendant une durée suffisante. Car ma vérité, pour être fertile, doit être stable, et qui aimeras-tu si tu changes d'amour tous les jours, et où seront tes grandes actions ? Et la continuité seule permettra la fertilité de ton effort. Car la création est rare mais s'il est quelquefois urgent qu'elle te soit donnée pour te sauver, il serait mauvais qu'elle t'atteignît chaque jour. Car pour faire naître un homme, il me faut plusieurs générations. Et sous prétexte d'améliorer l'arbre, je ne le tranche pas chaque jour pour le remplacer par une graine. Et en effet, je ne connais que des êtres qui naissent, vivent et meurent. Et tu as assemblé des chèvres, des moutons, des demeures et des montagnes et aujourd'hui de cet assemblage naîtra un être neuf et qui changera le comportement des hommes. Et il durera, puis s'épuisera et mourra, ayant usé son don de vivre. »

Citadelle

Park City, Utah, États-Unis, au printemps et en été.

« Il faut autour de soi, pour exister, des réalités qui durent. »

Courrier Sud

Park City en automne et en hiver.

L'écologie du temps

Vivre, c'est naître lentement, c'est devenir, apprendre à être et donc renaître à chaque instant. Pour vivre, il faudrait bâtir un autre rapport avec le temps. Recouvrer notre épaisseur. Réconcilier le temps de notre mort et celui de notre vie. Reconquérir le temps de réfléchir et de penser, le temps de nous retrouver. Transmettre. Apprendre à durer. Faire que la mode de la rupture ne génère pas l'amnésie. Dépasser l'ère du zapping, du préfabriqué et du prêt-à-porter. Redécouvrir l'art du sur-mesure et l'indispensable pérennité de nos démarches et de nos réalisations. Il faudrait lutter pour que le temps économisé par nos soins – grâce à l'usage de nos ordinateurs, de nos robots ménagers ou bureautiques, à la rapidité de nos moyens modernes de transport et de communication – ne débouche pas sur le néant. Il faudrait résister à ce regain d'ennui qui nous pousse à vouloir *tuer* ce temps *libre* que nous avons eu tant de mal à dérober au labeur qui nous permet de vivre et de manger.

« Douloureuse, oui, mais tellement simple cette image de la lignée, abandonnant une à une, sur son chemin, ses belles dépouilles à cheveux blancs, marchant vers je ne sais quelle vérité, à travers ses métamorphoses. C'est pourquoi, ce même soir, la cloche des morts du petit village de campagne me parut chargée, non de désespoir, mais d'une allégresse discrète et tendre. Elle qui célébrait de la même voix les enterrements et les baptêmes, annonçait une fois encore le passage d'une génération à l'autre. Et l'on n'éprouvait qu'une grande paix à entendre chanter ces fiançailles d'une pauvre vieille et de la terre. Ce qui se transmettait ainsi de génération en génération, avec le lent progrès d'une croissance d'arbre, c'était la vie mais c'était aussi la conscience. »

Terre des hommes

« Quand nous prendrons conscience de notre rôle, même le plus effacé, alors seulement nous serons heureux. Alors seulement nous pourrons vivre en paix et mourir en paix, car ce qui donne un sens à la vie donne un sens à la mort. Elle est si douce quand elle est dans l'ordre des choses, quand le vieux paysan de Provence, au terme de son règne, remet en dépôt à ses fils son lot de chèvres et d'oliviers, afin qu'ils le transmettent, à leur tour, aux fils de leurs fils. On ne meurt qu'à demi dans une lignée paysanne. Chaque existence craque à son tour comme une cosse et livre ses graines. »

Terre des hommes

« La mort est une grande chose. Elle est un nouveau réseau de relations avec les idées, les objets, les habitudes du mort. Elle est un nouvel arrangement du monde. Rien n'a changé en apparence, mais tout a changé. Les pages du livre sont les mêmes, mais non le sens du livre. Il nous faut, pour ressentir la mort, imaginer les heures où nous avons besoin du mort. Alors il manque. Imaginer les heures où il eût eu besoin de vous. Mais il n'a plus besoin de nous. Imaginer l'heure de la visite amicale. Et la découvrir creuse. Il nous faut voir la vie en perspective. Mais il n'est point de perspective ni d'espace, le jour où l'on enterre. Le mort est encore en morceaux. Le jour où l'on enterre, nous nous dispersons en piétinements, en mains d'amis vrais ou faux à serrer, en préoccupations matérielles. Le mort mourra demain seulement, dans le silence. Il se montrera à nous dans sa plénitude, pour s'arracher, dans sa plénitude, à notre substance. Alors nous crierons à cause de celui-là qui s'en va, et que nous ne pouvons retenir. »

Pilote de guerre

Vue aérienne d'une plantation d'oliviers dans la province de Jaén, en Andalousie, Espagne.

« Vous êtes comme moi, vous n'avez jamais eu le temps. »

Vol de nuit

« La mère n'avait point seulement transmis la vie ; elle avait, à ses fils, enseigné un langage, elle leur avait confié le bagage si lentement accumulé au cours des siècles, le patrimoine spirituel qu'elle avait elle-même reçu en dépôt, ce petit lot de traditions, de concepts et de mythes qui constitue toute la différence qui sépare Newton ou Shakespeare de la brute des cavernes. »

Terre des hommes

« Il s'étonna de réfléchir sur des problèmes qu'il ne s'était jamais posés. Et pourtant revenait contre lui, avec un murmure mélancolique, la masse des douceurs qu'il avait toujours écartées : un océan perdu. "Tout cela est donc si proche ?..." Il s'aperçut qu'il avait peu à peu repoussé vers la vieillesse, pour "quand il aurait le temps", ce qui fait douce la vie des hommes. Comme si réellement on pouvait avoir le temps un jour, comme si l'on gagnait, à l'extrémité de la vie, cette paix bienheureuse que l'on imagine. »

Vol de nuit

« Rendez-nous, disent avant tout les hommes, rendez-nous "l'éternité". [...] Rendez-nous nos religions, serait-ce celle des fêtes de famille, des anniversaires, des patries, de l'olivier que j'ai planté et que mon fils cultivera – rendez-nous cela que nous sommes et qui dure au-delà de nous-mêmes. Permettez-nous de changer en pierres précieuses un corps périssable... »

Carnets

« Et les biens de la terre glissent entre les doigts comme le sable fin des dunes. L'écoulement du temps, d'ordinaire, n'est pas ressenti par les hommes. Ils vivent dans une paix provisoire. »

Terre des hommes

« Dans le désert, on sent l'écoulement du temps. Sous la brûlure du soleil, on est en marche vers le soir, vers ce vent frais qui baignera les membres et lavera toute sueur. Sous la brûlure du soleil, bêtes et hommes, aussi sûrement que vers la mort, avancent vers ce grand abreuvoir. Ainsi l'oisiveté n'est jamais vaine. Et toute journée paraît belle comme ces routes qui vont à la mer. »

Terre des hommes

« Je suis espace et temps, où devenir. »

« Si je déroule un temps plus lent que celui qui mûrit ton seigle, et te fais ainsi vieux de mille années, ou jeune d'une heure, ô mon seigle d'homme, sous les étoiles, alors une direction nouvelle s'ajoutera aux autres. Si tu te tournes vers l'amour, tu t'en iras d'abord laver ton cœur à ta fenêtre. Tu diras à ta femme, du fond de ce quartier de misère où tu meurs étouffé : "Nous voici seuls, toi et moi, sous les étoiles." Et tant que tu respireras tu seras pur. Et tu seras signe de vie, comme la jeune plante poussée sur le plateau désert entre le granit et les étoiles, semblable à un réveil, et fragile et menacée, mais lourde d'un pouvoir qui se distribuera au long des siècles. Tu seras chaînon de la chaîne et plein de ton rôle. »

« Si j'économise le temps perdu à ensevelir les cadavres et à leur bâtir une demeure, et que, ce temps perdu, je désire le faire servir à lier la chaîne des générations, pour qu'à travers elle, la création monte droit vers le soleil comme un arbre, si je décrète cette ascension plus digne de l'homme que l'accroissement du tour de ventre, alors le temps gagné dont je dispose, je le ferai servir, ayant bien pesé son usage, à l'ensevelissement des morts. »

« Il est bon que le temps qui s'écoule ne nous paraisse point nous user et nous perdre, comme la poignée de sable, mais nous accomplir. »

« L'objet qui vaut et qui est digne de l'homme est celui qui a coûté beaucoup de temps. Et c'est le sens même du diamant, lequel est année de travail qui donne une larme grande comme l'ongle. Ou la goutte de parfum tirée du tombereau de fleurs. Et que m'importe à moi le destin de la larme et de la goutte de parfum puisque je connais d'avance qu'elles ne sont point distribuables à tous et que je connais également qu'une civilisation repose non sur le destin de l'objet mais sur sa naissance ? »

Citadelle

Chapitre 6

L'homme responsable

« Nul ne peut pas se sentir, à la fois, responsable et désespéré. »

Pilote de guerre

Tu vois Sylvia je regarde loin devant
moi et je ne sais rien de l'avenir. J'aimerai
te revoir. J'ai tellement besoin d'un canard
chez les chinois, et de conseils sur la peint
nouveau jeu comme celui des oranges sur
Partout où j'ai trouvé un piano en Af
Nord j'ai obtenu un gros succès, ma
faut bien un jour changer de jeu sans
devient monotone.

J'ai aussi besoin de deux oeufs sur tao
de Coca cola au gyn (gin ?) et de beauco
beaucoup de choses encore. Bien sûr ça me
tellement tellement plaisir de te retrouver.
moi Sylvia que cela te fera aussi un
petit peu de plaisir.

Et lui ? Tu
me reconnaîtra

« Et que ferais-je d'un fleuve s'il ne va vers la mer ? »

Citadelle

« Les passagers du navire. Ils usent du navire sans rien lui donner. À l'abri de salons, qu'ils croient cadre absolu, ils poursuivent leurs jeux. Ils ignorent le travail des maîtres-couples sous la pesée éternelle de la mer. De quel droit se plaindront-ils, si la tempête démantibule leur navire ? »

Pilote de guerre

Cimetière de bateaux causé par la disparition de la mer d'Aral, près de Moynaq, ancien port de pêche du Karakalpakistan (Ouzbékistan).

Le temps des bulles et des virus

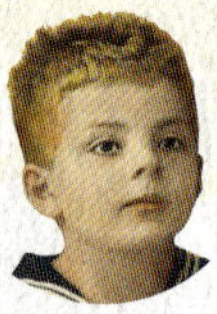

Mon petit Prince, qui avait fait la connaissance du serpent et de l'araignée sur la Terre, n'y a pas rencontré les virus du xxe et du xxie siècle. La pandémie de 1918, qui a tué plus d'êtres humains que la Grande Guerre, aurait pu m'inciter à imaginer dans son voyage entre sa planète B 612 et la Terre une planète du virus, à côté de celles du roi, du vaniteux, du buveur, du businessman, de l'allumeur de réverbères et du géographe. J'y aurais peut-être alors projeté un souffleur de bulles, de bulles de savon en particulier. Ces bulles de savon aux couleurs d'arc-en-ciel, ces rêves en suspension, en apesanteur, ces étoiles transparentes qui flottent en se rapprochant du ciel, qui scintillent et qui chatoient... Autrefois, notre âme exultait lorsque la bulle se formait, puis s'envolait et notre cœur semblait se briser lorsque la bulle éclatait. Certains, très rares parmi nous, ont gardé les yeux de leur enfance et sont devenus souffleurs de verre. Plus nombreux sont ceux qui ont créé d'autres bulles : des bulles financières, des bulles immobilières, des bulles digitales, des bulles médiatiques ou encore des bulles génétiques. Elles n'enserrent plus rien de transparent, ces bulles. Elles sont bourrées de chiffres, d'indices, de cotes, d'index, de schémas, de courbes et de valeurs boursières. Elles sont chargées de béton, de verre et de matériaux de construction qui viennent grignoter les forêts et les océans. Nourries d'algorithmes, de zéros et de un. Truffées de bruit, de bavardages, de rumeurs et de nouvelles falsifiées, propagées par ces nouveaux moyens de communication que je n'ai pas eu le temps de connaître. Elles prennent le temps de prospérer, de s'épanouir avant d'éclater, comparables à des tumeurs cancéreuses lorsqu'elles diffusent leur part de métastases.

« Il est bien inutile de geindre sur la démocratie, la démagogie, le machinisme. La cause profonde du dépouillement de l'individu de toute originalité particulière trouve des racines autrement nourrissantes dans le perfectionnement des moyens de communication (déplacement des inconnus l'un vers l'autre mais surtout identité des sources : journaux, radio, téléphone, transports en commun). Manquent étrangement silence et prière. Les âmes d'aujourd'hui deviennent de corne. »

Carnets

Transmission de virus aéroportés dans des gouttelettes.

« Tu les as vus rentrer, les survivants, glorieux et encombrants, faisant bien du tapage à crier leurs exploits, apportant, en caution du risque accepté, la mort des autres, mort qu'ils disent épouvantable, car elle aurait pu leur survenir. Moi-même ainsi, dans ma jeunesse, j'ai aimé autour de mon front cette auréole des coups de sabre reçus par d'autres. Je revenais, brandissant mes compagnons morts et leur terrible désespoir. Mais celui-là que la mort a choisi, occupé de vomir son sang ou de retenir ses entrailles, découvre seul la vérité – à savoir qu'il n'est point d'horreur de la mort. Son propre corps lui apparaît comme un instrument désormais vain et qui a fini de servir et qu'il rejette. Un corps démantelé qui se montre dans son usure. Et s'il a soif, ce corps, le mourant n'y reconnaît plus qu'une occasion de soif, dont il serait bon d'être délivré. Et tous les biens deviennent inutiles qui servaient à parer, à nourrir, à fêter cette chair à demi étrangère, qui n'est plus que propriété domestique, comme l'âne attaché à son pieu. »

Citadelle

Les grandes menaces

Notre Terre se réchauffe : sa couche d'ozone et ses glaciers fondent, ses mers montent, ses océans s'épuisent, ses rivières s'assèchent, ses déserts progressent et nous y donnons parfois naissance à de curieux champignons. Nous ne nous affolons pas, car de toutes les espèces menacées, nous pensons que nous serons la dernière à disparaître, après avoir éliminé les autres. Nous sommes 20 % de Terriens à monopoliser 80 % de l'énergie que nous produisons. Un Américain consomme 16 fois plus de pétrole qu'un Africain. Les dinosaures, l'ours polaire, la baleine et le panda nous servent de symboles : ceux d'un monde qui nous aurait précédés et qui ne nous survivrait pas, comme si nous avions envie de torpiller jusqu'au souvenir de l'Arche de Noé.

« Te voilà assis parmi tes ruines d'objets épars, et si l'animal est satisfait, l'homme est chez toi menacé par la famine. »

Citadelle

Deux ours polaires en quête de nourriture dans l'Arctique.

La vague du tsunami approchant la ville de Miyako, au Japon, en 2011.

Détritus laissés par le passage du tsunami au Japon, en 2011.

« De destruction en destruction tu glisses vers la vanité, car elle demeure seule coloration possible quand il n'est plus que résidu dont tu ne saurais te nourrir. »

Citadelle

Recherche de survivants parmi les débris causés par le tsunami qui a frappé la ville de Rikuzentakata en 2011, au Japon.

« Lessive de peuples où tout s’est mélangé et qui est glacier fondu en mare. »

Citadelle

Le fjord glacé d’Ilulissat, au Groenland.

« Le fleuve lourd et les chants des laveuses de linge chavirent lentement dans la mort. »

Citadelle

Mine d'or abandonnée dans la forêt amazonienne du Brésil.

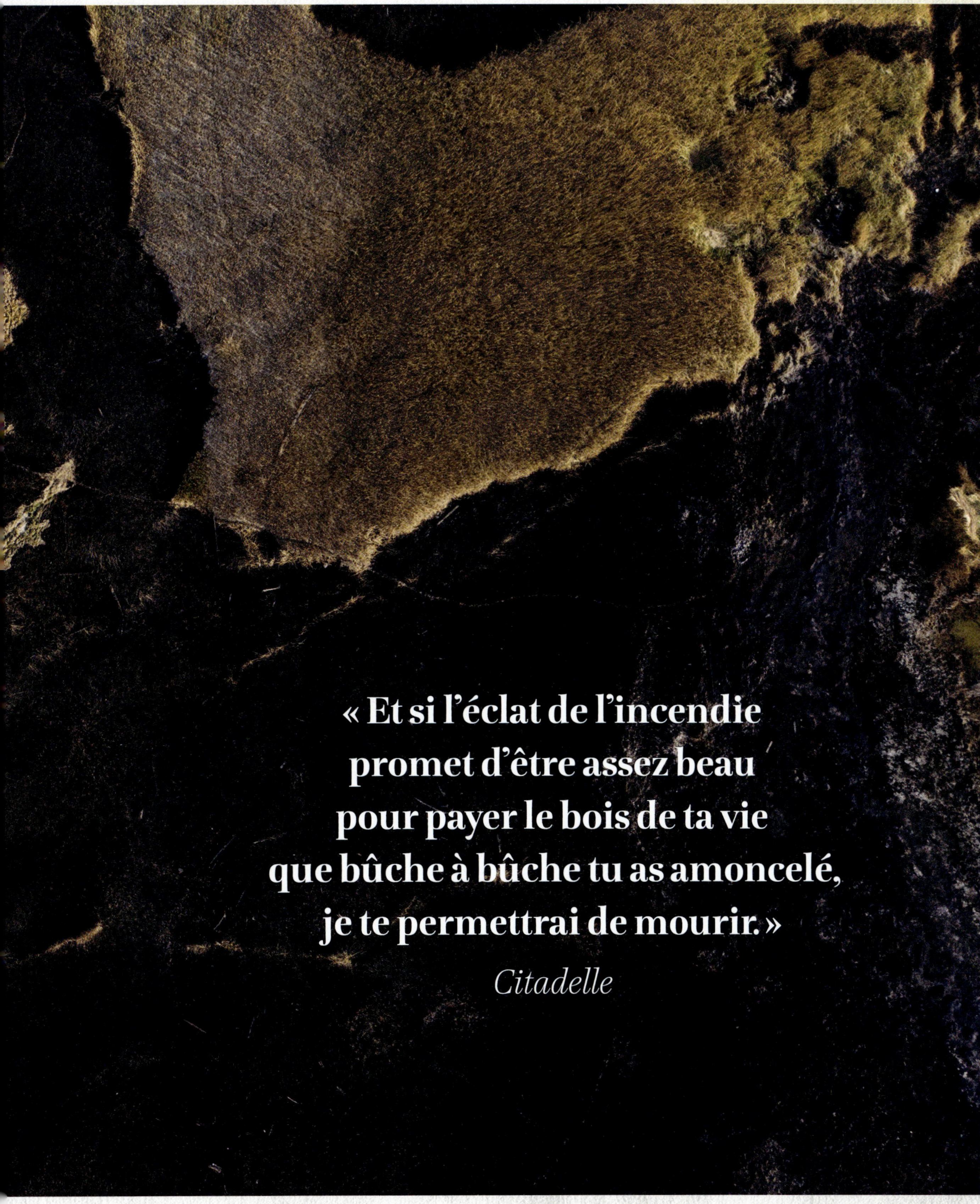

**« Et si l'éclat de l'incendie
promet d'être assez beau
pour payer le bois de ta vie
que bûche à bûche tu as amoncelé,
je te permettrai de mourir. »**

Citadelle

Champ de roseaux brûlé.

L'écologie citoyenne

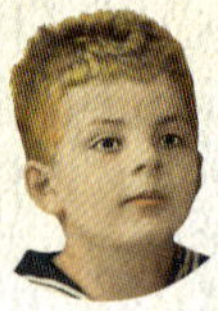

« Nous n'héritons pas de la terre de nos parents, nous l'empruntons à nos enfants. » Je n'ai jamais écrit cette phrase que tout le monde m'attribue. Il m'est peut-être arrivé de la citer. Elle est la traduction d'un vieux proverbe africain qui définit pourtant notre responsabilité, notre dette immense envers la planète qui nous héberge. À partir du moment où chacun de nous ne vivrait que pour lui seul et non pour les autres, nous deviendrions tous irresponsables. Mon Petit Prince s'est toujours senti responsable de sa rose, de sa planète et des êtres qu'il avait apprivoisés sur la Terre. Même des êtres dangereux, nuisibles et très difficiles à apprivoiser, comme le serpent ou l'araignée. Je suis prêt à m'engager absolument pour que survivent la rose et le renard de mon Petit Prince, sans oublier le serpent et l'araignée. Alors que dire de mon engagement pour les hommes ! Si je les crains parfois, c'est parce que je les aime.

« Car seule est importante et peut nourrir des poèmes véritables, la part de ta vie qui t'engage, qui engage ta faim et ta soif, le pain de tes enfants et la justice qui te sera ou non rendue. Sinon il n'est que jeu et caricature de la vie et caricature de la culture. »

Citadelle

« Chacun est responsable de tous. Chacun est seul responsable. Chacun est seul responsable de tous. Je comprends pour la première fois l'un des mystères de la religion dont est sortie la civilisation que je revendique comme mienne : "Porter les péchés des hommes..." Et chacun porte tous les péchés de tous les hommes. »

Pilote de guerre

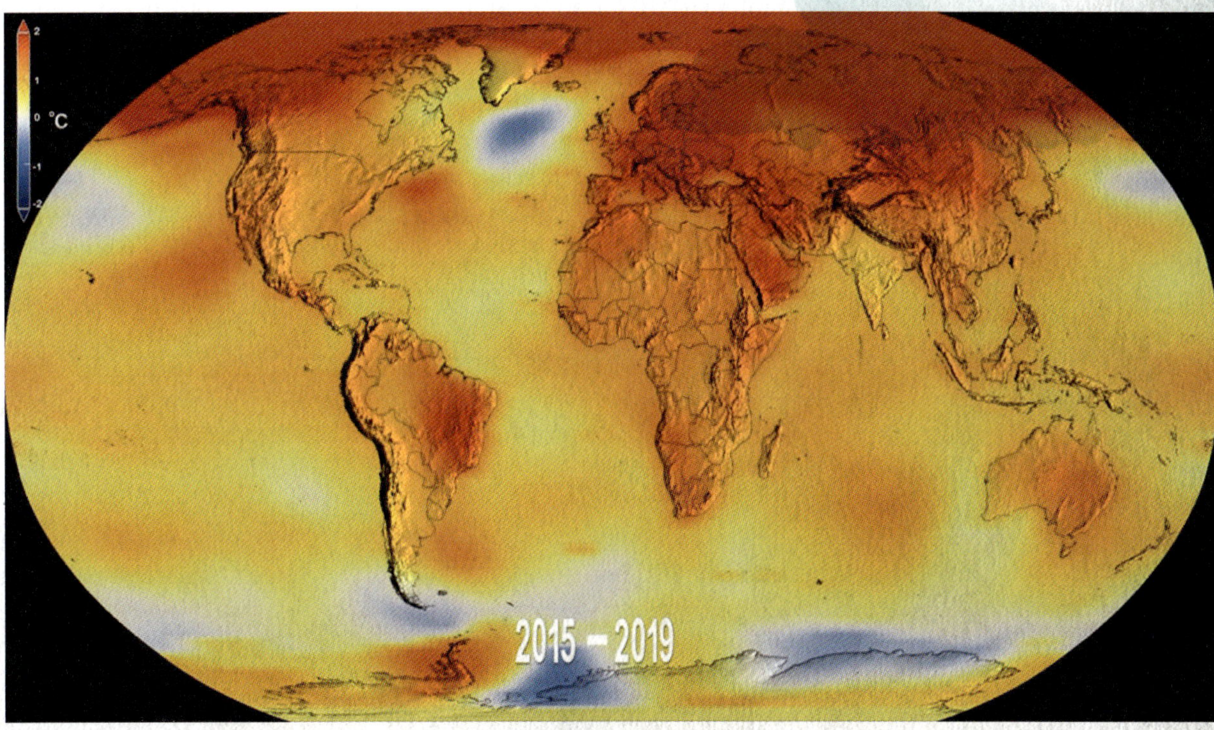

Observation des anomalies de température sur quatre ans. Le rouge représente les zones où les températures ont dépassé les moyennes observées, le bleu représente les zones où la température est plus basse que les moyennes observées. Les moyennes sont fondées sur 30 ans d'observation climatique, entre 1951 et 1980.

« Le chef est celui qui prend tout en charge. Il dit : “J’ai été battu.” Il ne dit pas : “Mes soldats ont été battus.” L’homme véritable parle ainsi. Hochedé dirait: “Je suis responsable.” »

Pilote de guerre

« Je comprends le sens de l’humilité. Elle n’est pas dénigrement de soi. Elle est le principe même de l’action. Si, dans l’intention de m’absoudre, j’excuse mes malheurs par la fatalité, je me soumets à la fatalité. Si je les excuse par la trahison, je me soumets à la trahison. Mais si je prends la faute en charge, je revendique mon pouvoir d’homme. Je puis agir sur ce dont je suis. Je suis part constituante de la communauté des hommes. Il est donc quelqu’un en moi que je combats pour me grandir. Il a fallu ce voyage difficile pour que je distingue ainsi en moi, tant bien que mal, l’individu que je combats de l’homme qui grandit. Je ne sais ce que vaut l’image qui me vient, mais je me dis: l’individu n’est qu’une route. L’homme qui l’emprunte compte seul. »

Pilote de guerre

« Le “je suis responsable”, ce devrait être la devise d’orgueil de tout homme. C’est la foi en l’action. C’est la base même du sentiment de l’être. »

Lettre au général Chambe

« Ma civilisation, héritière de Dieu, a fait chacun responsable de tous les hommes, et tous les hommes responsables de chacun. Un individu doit se sacrifier au sauvetage d'une collectivité, mais il ne s'agit point ici d'une arithmétique imbécile. Il s'agit du respect de l'homme au travers de l'individu. La grandeur, en effet, de ma civilisation, c'est que cent mineurs s'y doivent de risquer leur vie pour le sauvetage d'un seul mineur enseveli. Ils sauvent l'homme. Je comprends clairement, à cette lumière, la signification de la liberté. »

Pilote de guerre

« Sa grandeur [celle de l'homme], c'est de se sentir responsable. Responsable de ce qui se bâtit de neuf, là-bas, chez les vivants. Responsable un peu du destin des hommes. Être homme, c'est précisément être responsable. C'est connaître la honte en face d'une misère qui ne semblait pas dépendre de soi. C'est être fier d'une victoire que les camarades ont remportée. C'est sentir, en posant sa pierre, que l'on contribue à bâtir le monde. »

Terre des hommes

« Puisqu'il suffit, pour nous délivrer, de nous aider à prendre conscience d'un but qui nous relie les uns aux autres, autant le chercher là où il nous unit tous. Le chirurgien qui passe la visite n'écoute pas les plaintes de celui qu'il ausculte à travers celui-là, c'est l'homme qu'il cherche à guérir. Le chirurgien parle un langage universel. De même le physicien quand il médite ces équations presque divines par lesquelles il saisit à la fois et l'atome et la nébuleuse. Et ainsi jusqu'au simple berger. Car celui-là qui veille modestement quelques moutons sous les étoiles, s'il prend conscience de son rôle, se découvre plus qu'un serviteur. Il est une sentinelle. Et chaque sentinelle est responsable de tout l'Empire. »

Terre des hommes

« Si tu refuses d'être responsable des défaites, tu ne le seras point des victoires. »

Citadelle

« Si quelqu'un se conduit en lâche, c'est moi. Et si quelqu'un trahit, c'est moi qui me trahis moi-même. »

•

« Je suis responsable de tous les actes de tous les hommes. »

•

« Et pour celui-là qui est solidaire des hommes, l'homme n'est point simple mot de son vocabulaire, l'homme, c'est ceux dont il est responsable. »

•

« Quand tu sers, c'est la création que tu sers. La mère est humble vis-à-vis de l'enfant et le jardinier devant la rose. »

Citadelle

Chapitre 7

L'écologie de l'âme

« Rendre aux hommes une signification spirituelle. »

Lettre au général X

Le regard de mon Petit Prince

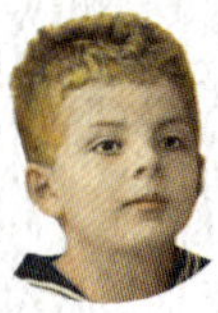

Notre âme se nourrit du regard des autres. Regards d'amour et d'amitié. En nous offrant le regard de mon Petit Prince, je nous rappelle que l'essentiel est invisible et que l'on ne voit bien qu'avec le cœur. Je nous aide alors à construire nos âmes et à dessiner nos jardins. Perdre notre âme, n'est-ce pas en fait perdre l'autre, perdre le sens de l'autre ?

« L'amour véritable commence là où tu n'attends plus rien en retour. »

Citadelle

Antoine et Consuelo.

Antoine et Jean Renoir.

Antoine et son épouse Consuelo.

Antoine.

Antoine et Consuelo
à la montagne.

Antoine, son ami Guillaumet
et le chien Looping.

Mon regard

J'ai essayé, pendant toute ma vie, de porter sur les êtres et sur les paysages ce regard de l'âme, les yeux de l'enfant qui a grandi mais qui refuse de ne plus s'émerveiller. Ce regard, je l'ai exprimé avec mes mots et dans mes dessins, mais aussi à travers les objectifs de mes appareils photo. Le corps de mon petit frère François sur son lit de mort. La silhouette de ma mère penchée sur l'eau. Les jeux de l'ombre et de la lumière sur le buste et sur le visage de Consuelo. Les chutes d'Iguaçu, à la frontière du Brésil et de l'Argentine... La dentelle des vagues sur un bord de mer, l'aérodrome de Cap Juby...

« La grandeur naît d'abord – et toujours – d'un but situé en dehors de soi. Dès que l'on enferme l'homme en lui-même, il devient pauvre. »

Carnets

Les chutes d'Iguaçu (Brésil/Argentine), photographiées d'avion par Antoine de Saint-Exupéry.

« Que le torrent s'oppose à ta marche, alors tu danses. »

Citadelle

Chutes d'Iguaçu.

Paysage côtier photographié par Antoine de Saint-Exupéry.

L'écologie de l'argent

Être et avoir. L'ego, l'argent, la puissance apparente, le prestige et les biens matériels sont les attributs de l'avoir. Ces fausses richesses nous mettent en péril, parce qu'elles nous procurent la crainte et l'impression de pouvoir tout perdre et d'être alors réduits à néant. Au sein de nos grandes fourmilières, on nous persuade que le fait d'être se résume au fait d'avoir. Cela afin d'avoir prise sur nous, de nous transformer en un bétail soumis et résigné qui troque alors sa liberté contre la protection de ses biens et de son grand sommeil. On nous fait croire que la liberté serait l'exaltation de l'individu contre l'homme, que nous serions condamnés à nous laisser gouverner par nos désirs matériels. Alors, nous devenons les esclaves des mirages, des illusions de nos désirs et de ceux qui les fabriquent. L'opium et la morphine germent dans nos chants de pavots. Nous devenons aussi tristes que le buveur de la planète 327. Nous tournons en rond. Nous ne savons plus ce que nous cherchons, nous n'arrivons plus à régner sur nous-mêmes. Il est pourtant d'autres richesses : la rose de mon Petit Prince, les étoiles qui lui versent à boire, l'amitié d'un homme ou d'un renard, des richesses qui ne seront jamais à vendre, puisqu'elles ne s'achètent pas.

« S'il n'est point d'empire que tu serves, si l'hommage ou l'objet ou l'honneur sont pour toi, alors c'est comme s'ils étaient jetés dans un puits vide. Car tu engloutis. Et te voilà de plus en plus avide d'être de moins en moins rassasié et abreuvé. Et tu ne comprends point l'amertume qui te vient le soir du vide des choses que tu as tellement désirées. Vanité des biens, dis-tu, vanité ! »

Citadelle

Port de Hambourg, Allemagne.

« En travaillant pour les seuls biens matériels, nous bâtissons nous-mêmes notre prison. Nous nous enfermons solitaires, avec notre monnaie de cendre qui ne procure rien qui vaille de vivre. Si je cherche dans mes souvenirs ceux qui m'ont laissé un goût durable, si je fais le bilan des heures qui ont compté, à coup sûr je retrouve celles que nulle fortune ne m'eût procurées. On n'achète pas l'amitié d'un Mermoz, d'un compagnon que les épreuves vécues ensemble ont lié à nous pour toujours. Cette nuit de vol et ses cent mille étoiles, cette sérénité, cette souveraineté de quelques heures, l'argent ne les achète pas. Cet aspect neuf du monde après l'étape difficile, ces arbres, ces fleurs, ces femmes, ces sourires fraîchement colorés par la vie qui vient de nous être rendue à l'aube, ce concert des petites choses qui nous récompensent, l'argent ne les achète pas. »

Terre des hommes

« Et cependant, nous étions infiniment pauvres. Du vent, du sable, des étoiles. Un style dur pour trappistes. Mais sur cette nappe mal éclairée, six ou sept hommes qui ne possédaient plus rien au monde, sinon leurs souvenirs, se partageaient d'invisibles richesses. »

« Quiconque lutte dans l'unique espoir de biens matériels, ne récolte rien qui vaille de vivre. »

Terre des hommes

Les seules richesses véritables il les a possédées ici, dans le désert : ce prestige du sable, la nuit, ce silence, cette patrie de vent et d'étoiles. »

Terre des hommes

« Mais toi brusquement tu as découvert à la faveur de l'épreuve nocturne qui t'a dépouillé de tout l'accessoire, un personnage qui vient de toi et que tu ne connaissais point. Et c'est toi-même. Tu as le sentiment soudain que tu t'accomplis dans l'instant même et que l'avenir t'est moins nécessaire pour accumuler des richesses. Celui-là a ouvert ses ailes qui n'est plus lié aux biens périssables. »

Madrid, *Reportages*

« Il faut rendre aux hommes une signification spirituelle. Des inquiétudes spirituelles. Faire pleuvoir sur eux quelque chose qui ressemble à un chant grégorien. On ne peut plus vivre de frigidaires, de politique, de belote et de mots croisés, voyez-vous ! On ne peut plus vivre sans poésie, couleur ni amour. »

Lettre au général Chambe

Les fausses richesses

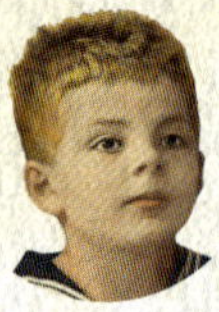

L'horizon visible depuis l'œil de nos télescopes est de 43 milliards d'années-lumière. Nous oublions souvent que la Voie lactée qui nous entoure est cernée d'étoiles mortes il y a des centaines ou des millions d'années. Des étoiles à l'image de ces bulles artificielles que nous construisons jour après jour et qui, comme elles, éclatent soudainement. Chaque particule possède son antiparticule, la matière est cernée d'antimatière. C'est bien cette matière qui nous donne l'illusion de ce que nous possédons, en même temps que la fausse certitude du néant. Nos vitrines n'hébergent pas les véritables richesses : elles ne font qu'éclairer un théâtre d'ombres.

« Le problème véritable est posé par cette masse d'hommes due au déracinement par la machine. Évadés de leurs traditions et extérieurs aux cycles naturels dans ce monde déjà sans forêts. Produire et consommer de la matière n'est point ce qui peut leur suffire. »

Carnets

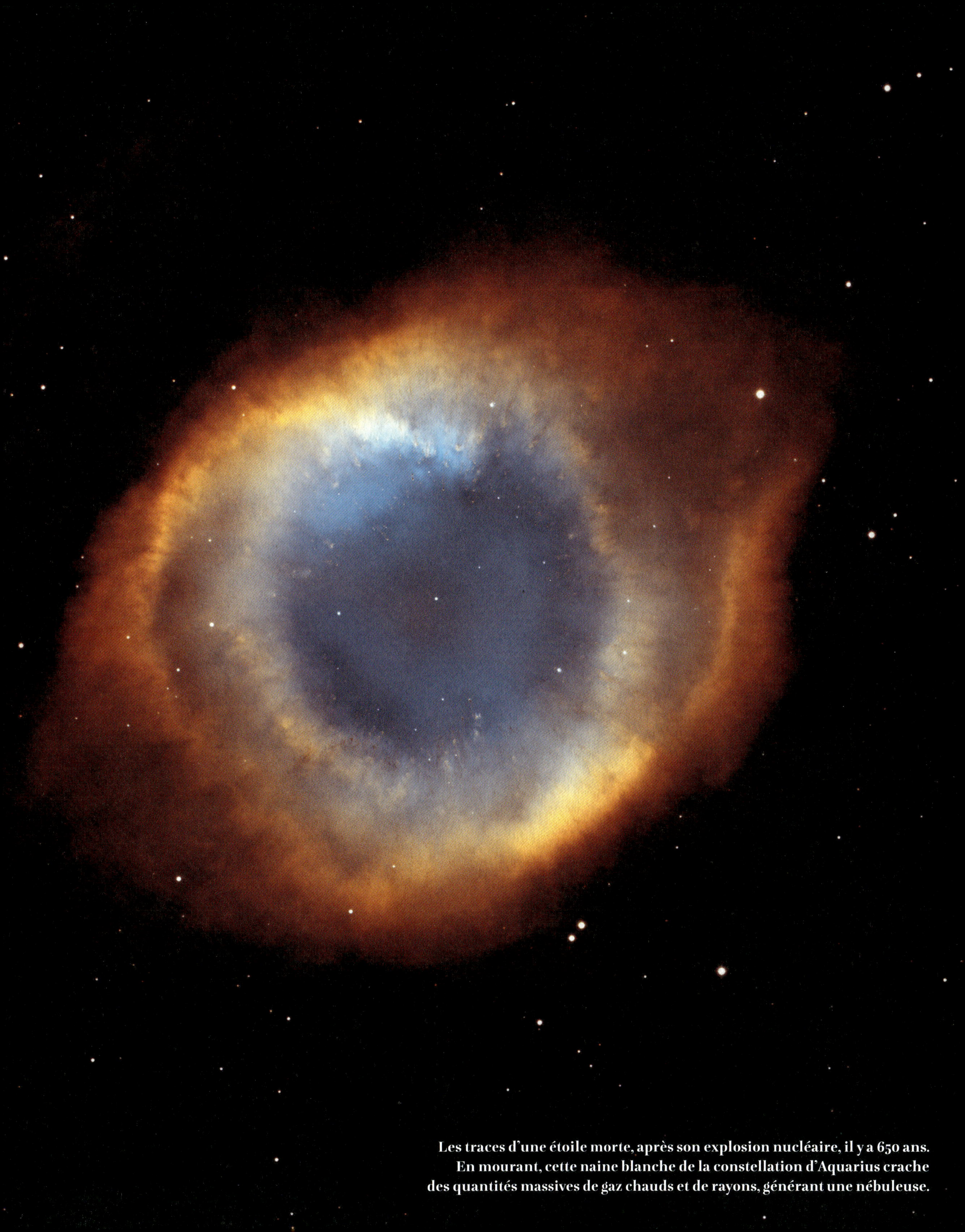

Les traces d'une étoile morte, après son explosion nucléaire, il y a 650 ans.
En mourant, cette naine blanche de la constellation d'Aquarius crache
des quantités massives de gaz chauds et de rayons, générant une nébuleuse.

« Problème de la considération. L'homme qui n'est point "considéré", il tue. Ceci est spécifiquement humain. »

Carnets

« L'idée de grandeur seule élargit l'homme. L'homme réduit à n'être que lui-même, qui se contente de son auge et de son petit de remplacement, qui accepte son lot d'idées sans prétendre pour elles à l'universalité, est un homme satisfait, un homme mort. »

Carnets

Casse d'automobiles.

« Nous sommes étrangement soumis aux objets, sans doute à cause de la longue pédagogie publicitaire que nous avons subie. En cela nous sommes des barbares. En cela beaucoup de barbares nous apparaissent comme civilisés. En cela le recul religieux est un désastre qui nous démeuble notre monde spirituel. »

Carnets

«J'interdis aux marchands de vanter trop leurs marchandises. Car ils se font vite pédagogues et t'enseignent comme but ce qui n'est par essence qu'un moyen, et te trompant ainsi sur la route à suivre les voilà bientôt qui te dégradent, car si leur musique est vulgaire ils te fabriquent pour te la vendre une âme vulgaire. Or, s'il est bon que les objets soient fondés pour servir les hommes, il serait monstrueux que les hommes fussent fondés pour servir de poubelles aux objets.»

Citadelle

«Vieux bureaucrate, mon camarade ici présent, nul jamais ne t'a fait évader et tu n'en es point responsable. Tu as construit ta paix à force d'aveugler de ciment, comme le font les termites, toutes les échappées vers la lumière. Tu t'es roulé en boule dans ta sécurité bourgeoise, tes routines, les rites étouffants de ta vie provinciale, tu as élevé cet humble rempart contre les vents et les marées et les étoiles. Tu ne veux point t'inquiéter des grands problèmes, tu as eu bien assez de mal à oublier ta condition d'homme. Tu n'es point l'habitant d'une planète errante, tu ne te poses point de questions sans réponse : tu es un petit bourgeois de Toulouse. Nul ne t'a saisi par les épaules quand il était temps encore. Maintenant, la glaise dont tu es formé a séché, et s'est durcie, et nul en toi ne saurait désormais réveiller le musicien endormi ou le poète, ou l'astronome qui peut-être t'habitaient d'abord.»

Terre des hommes

« L'aristocratie d'argent ne coïncide pas avec l'aristocratie véritable. Les réformes sociales doivent porter sur le renouvellement d'une telle aristocratie. »

Carnets

« À la pédagogie normale s'ajoute une pédagogie incessante et d'une efficacité extraordinaire, et qui est la publicité. Une industrie basée sur le profit tend à créer – par l'éducation – des hommes pour les chewing-gums et non du chewing-gum pour les hommes. Ainsi de la nécessité pour l'automobile de créer la valeur "automobile" est né le stupide petit gigolo de 1926 exclusivement animé dans les bars par des images et comparaisons de carrosseries. Ainsi, du film, est née, dans la pâte humaine la plus admirable du monde, la star vide et stupide entre les stupides. Cet animal creux, et dont je ne crois même point qu'elle s'ennuie, car elle n'est pas née encore. Terrain où l'ensemencement d'une religion mettrait le feu. »

Carnets

« Bientôt tu t'accroupiras, morne et sans langage, dans l'indifférence d'un monde usé. »

Citadelle

« Quelle mystérieuse ascension ! D'une lave en fusion, d'une pâte d'étoile, d'une cellule vivante germée par miracle nous sommes issus, et, peu à peu, nous nous sommes élevés jusqu'à écrire des cantates et à peser des Voies lactées. »

Terre des hommes

« Nous avons négligé la substance de l'homme. Nous avons cru que la virtuosité des âmes basses pouvait aider au triomphe des causes nobles, que l'égoïsme habile pouvait exalter l'esprit de sacrifice, que la sécheresse de cœur pouvait, par le vent des discours, fonder la fraternité ou l'amour. Nous avons négligé l'Être. »

Pilote de guerre

« Il est aisé de fonder l'ordre d'une société sur la soumission de chacun à des règles fixes. Il est aisé de façonner un homme aveugle qui subisse, sans protester, un maître ou un coran. Mais la réussite est autrement haute qui consiste, pour délivrer l'homme, à le faire régner sur soi-même. Mais qu'est-ce que délivrer ? Si je délivre, dans un désert, un homme qui n'éprouve rien, que signifie sa liberté ? Il n'est de liberté que de "quelqu'un" qui va quelque part. Délivrer cet homme serait lui enseigner la soif, et tracer une route vers un puits. Alors seulement se proposeraient à lui des démarches qui ne manqueraient plus de signification. Délivrer une pierre ne signifie rien s'il n'est point de pesanteur. Car la pierre, une fois libre, n'ira nulle part. Or, ma civilisation a cherché à fonder les relations humaines sur le culte de l'homme au-delà de l'individu, afin que le comportement de chacun vis-à-vis de soi- même ou d'autrui ne fut plus conformisme aveugle aux usages de la termitière, mais libre exercice de l'amour. La route invisible de la pesanteur délivre la pierre. Les pentes invisibles de l'amour délivrent l'homme. »

Pilote de guerre

« Ce que nous sentons quand nous avons faim, de cette faim qui poussait les soldats d'Espagne sous le tir vers la leçon de botanique, qui poussa Mermoz vers l'Atlantique Sud, qui pousse l'autre vers son poème, c'est que la genèse n'est point achevée et qu'il nous faut prendre conscience de nous-mêmes et de l'Univers. Il nous faut, dans la nuit, lancer des passerelles. Seuls l'ignorent ceux qui font leur sagesse d'une indifférence qu'ils croient égoïste ; mais tout dément cette sagesse-là ! Camarades, mes camarades, je vous prends à témoin : quand nous sommes-nous sentis heureux ? »

Terre des hommes

« Il faut donner avant de recevoir – et bâtir avant d'habiter. J'ai fondé mon amour pour les miens par ce don du sang, comme la mère fonde le sien par le don du lait. Là est le mystère. Il faut commencer par le sacrifice, pour fonder l'amour. L'amour, ensuite, peut solliciter d'autres sacrifices, et les employer à toutes les victoires. L'homme doit toujours faire les premiers pas. Il doit naître avant d'exister. »

Pilote de guerre

Conclusion

Tu vois Sylvia je regarde loin devant
moi et je ne sais rien de l'avenir. J'aimera[is]
te revoir. J'ai tellement besoin d'un canard
chez les chinois, et de conseils sur la peint[ure]
nouveau jeu comme celui des oranges sur
Partout où j'ai trouvé un piano en Af[rique du]
Nord j'ai obtenu un gros succès. Ma[is il]
faut bien un jour changer de jeu san[s]
devient monotone.

J'ai aussi besoin de deux oeufs sur ta[ble]
de Coca cola au gyn (gin ?) et de beauc[oup]
beaucoup de choses encore. Bien sur ça me
tellement tellement plaisir de te retrouver
moi Sylvia que cela te fera aussi un
petit peu de plaisir.

Et lui ? Tu
me reconnaîtra[s]

Le message de mon Petit Prince

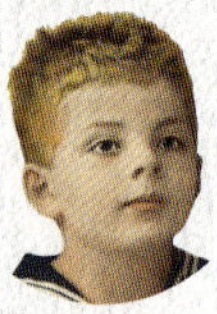

Bien avant que mon Petit Prince ne s'échappe de sa planète B 612 en profitant du passage d'un vol d'oiseaux sauvages, bien avant qu'il ne vienne marcher sur le sable de notre Terre, il a toujours peuplé mes rêves. Puis, il est reparti. Il a été aspiré par les étoiles. Nous sommes tous à son image, sans le savoir : nous avons le destin éphémère des étoiles filantes. Comme elles, nous sommes l'incarnation d'un miracle, et nous n'en avons pas toujours conscience.

Peuple de l'Omo, Éthiopie.

« Entre les laves originelles et les glaces australes, comme on sent bien le miracle de l'homme ! »

Terre des hommes

« Dans la sagesse du monde, deux enfants sembleront dormir. Et quelque chose aura coulé du monde visible dans l'autre. »

Vol de nuit

Mon dernier message

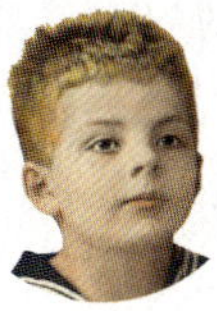

J'ai toujours eu le corps d'un grand haltérophile maladroit et le regard d'un hibou rêveur. Pourtant, au-delà de mon nez en trompette, mon visage a toujours été le reflet de mon âme. Mon grand corps s'est endormi pour toujours au creux du ventre de la mer, au large de Marseille et de cette Côte d'Azur si chère à mon cœur. Nous vous laissons, mon Petit Prince et moi, la Terre en héritage. Notre planète bleue, avec son soleil rouge et sa lune grise. Avec ses continents, ses îles et ses archipels. Avec ses plages et leurs ourlets d'écume. Avec ses montagnes blanches et pointues. Avec ses fleuves et ses déserts. Avec ses châteaux de sable, de pierre, de verre et de béton. Avec ses roses, ses renards et ses moutons, ses éléphants, ses araignées et ses serpents. Avec ses baobabs et ses volcans. Avec les descendants de ses rois et de ses allumeurs de réverbères. Avec ses vaniteux. Avec ses géographes et ses comptables. Avec ses buveurs, ses hommes d'affaire et ses poètes.

L'Enfer ou le Paradis

Nous recevons la Terre en héritage. Puissions-nous ne jamais arrêter de porter sur elle ce regard neuf qui protège de la vieillesse ; puissions-nous ne pas en faire le désert de nos aigreurs et de notre ingratitude, mais plutôt le nouveau monde de nos rêves et de nos espérances.

« Ce qui se transmettait ainsi de génération en génération, avec le lent progrès d'une croissance d'arbre, c'était la vie mais c'était aussi la conscience. »

Terre des hommes

Vue aérienne d'exploitations d'arbres fruitiers au printemps, en Catalogne, Espagne.

« Tu prétends arracher au monde quelque chose à saisir qui soit pour toi. Et tu ne trouveras rien car tu n'es rien. Et tu jettes tes objets en vrac dans la fosse à ordures. »

Citadelle

Déchetterie à ciel ouvert.

« Quelque chose était malade en eux, mais il ne le savait pas. Il croyait que c'était la Terre qui était pourrie. »

Terre des hommes

L'industrie minière en mouvement.

Épave d'un Douglas SBD Dauntless américain dans les Îles Marshall.

Baleine au large de l'Islande.

Sauver notre planète

Que nous la contemplions depuis l'espace, depuis le ciel ou à hauteur d'homme, à l'aune des étoiles ou à celles des virus, la planète Terre est à mi-parcours. Née il y a 5 milliards d'années, elle sera avalée par le soleil dans 5 milliards d'années – si nous ne la détruisons pas d'ici-là. Notre planète est donc comme la fleur du Petit Prince : elle est éphémère. Nous ne pourrons, pour la préserver, ni porter des muselières ni la mettre sous globe. Dans *Le Petit Prince*, l'enfant blond créé par Antoine de Saint-Exupéry effectue des gestes symboliques : il désherbe les bébés baobabs et il ramone les volcans, il protège la nature d'elle-même en protégeant sa rose de la gourmandise du mouton. Tout en encensant la nature, le Petit Prince et son créateur nous incitent à nous méfier d'elle et de sa loi de la jungle, dont les dures réalités ouvrent le chef-d'œuvre de Saint-Exupéry, lorsque le boa avale le fauve ou digère l'éléphant. Premier message du Petit Prince… La trajectoire de l'homme est tragique et cornélienne : la nature nous est indispensable en même temps qu'elle nous est hostile. La faune et la flore qui nous ont précédés sur Terre peuvent s'entredétruire et nous détruire. Nous évoluons dans un monde instable et précaire, et notre survie est conditionnée par la façon dont nous gérons cet équilibre artificiel, cet environnement artificiel que nous nous sommes bâtis pendant 5 millions d'années. Toute la difficulté de notre tâche sur Terre est d'arriver à refuser la loi de la jungle sans pour autant détruire la jungle, à combattre les lois si cruelles de l'équilibre dit « naturel », sans pour autant rompre cet équilibre. Saint-Exupéry et son Petit Prince nous incitent donc à penser qu'il nous faut surtout développer une écologie de la ville, de l'argent, de nos rapports sociaux, et jusqu'à une écologie de notre âme. Il ne doit pas être question de résumer l'écologie à un regard béat sur un brin d'herbe, dont nous ne savons pas, lorsqu'il commence à pousser, s'il préfigure la rose ou le baobab, le Paradis ou l'Enfer. En ce XXIe siècle, en ce troisième millénaire de l'ère chrétienne et pour les 5 milliards d'années qui lui restent à vivre, il nous faut sauver la planète du Petit Prince en protégeant l'homme de lui-même. Cette planète truffée d'égouts et couverte de jardins, fardée d'ombre et de lumière, de clarté et d'ambiguïtés. Cette Terre peuplée de serpents et de moutons, de fleurs et d'épines, de fontaines et de déserts, d'étoiles et de courants d'air, de dictateurs et d'allumeurs de réverbères, de tigres et d'oiseaux de mer, de papillons et de chenilles, de businessmen et d'ivrognes, de géographes et de chasseurs, de rats et de vaniteux, de renards et de poules, d'aiguilleurs et de marchands de pilules, d'amis et d'ennemis, de puits et de dunes, de boas et d'éléphants, de sable et d'eau, de murs et de rapides, de larmes et de sourires... Il nous faut sauver la Terre des hommes, avec eux et malgré eux. Il nous faut préserver l'espèce humaine qui est en grand danger, parce qu'elle menace toutes les autres et parce qu'elle se menace elle-même. Il n'y aura pas d'Arche de Noé pour nous sauver du déluge d'excès de l'ultralibéralisme, qui pourrait avoir tendance à transformer la Terre en Enfer ou en purgatoire pour 80 % de ses habitants. Notre unique garde-fou ne peut être que le triomphe de l'esprit sur la matière et le culte sans cesse renouvelé de l'humanisme.

Jean-Pierre Guéno

LE MONDE
A BESOIN D'UNE
JEUNESSE
CITOYENNE
FONDATION
ANTOINE DE
SAINT EXUPERY
120e
ANNIVERSAIRE
ANTOINE DE SAINT EXUPERY
1900 - 2020

Thomas Pesquet
Astronaute de l'ESA

Lauréats du concours d'écriture
Antoine de Saint Exupéry

Dorine Bourneton
Première femme handicapée
pilote de voltige au monde

Mark Osborne
Réalisateur américain

Bertrand Piccard et André Borschberg
Solar Impulse

La top model brésilienne Adriana Lima
Hôpital Pequeno Príncipe, Brésil

La Fondation Antoine de Saint-Exupéry pour la Jeunesse

La Fondation Antoine de Saint-Exupéry pour la Jeunesse, placée sous l'égide de la Fondation de France, a été créée par les héritiers d'Antoine de Saint-Exupéry. Elle est dotée de parrains prestigieux fédérés par Claudie Haigneré, parmi lesquels le docteur Bertrand Piccard et André Borschberg, Antoine Gallimard, Dorine Bourneton, Mark Osborne, Lionel de Saint-Exupéry, Xavier Emmanuelli, Patrick Poivre d'Arvor, André Santini et Thomas Pesquet.

Trop de jeunes dans le monde grandissent dans un environnement hostile et perturbant, qui les confronte à d'importantes difficultés sur le chemin de la vie d'adulte. Face aux mutations de notre époque, la Fondation Antoine de Saint-Exupéry pour la Jeunesse s'efforce de contribuer à faire de ces jeunes des femmes et des hommes responsables, solidaires et bien intégrés dans leur environnement : des citoyens à part entière. Elle cherche à leur apporter un soutien concret en participant à la construction de leur avenir et en les incitant à devenirs des acteurs dans la cité.

L'action de la Fondation Antoine de Saint-Exupéry pour la Jeunesse est portée par les valeurs humanistes universelles d'Antoine de Saint-Exupéry, qui connaissent en ce début de XXIe siècle une résonance exceptionnelle à travers la planète. Elle repose également sur l'important réseau associatif international qui œuvre déjà localement au nom de ces valeurs. Antoine de Saint-Exupéry s'adresse à tous les habitants de la Terre, à toutes ses générations – et en particulier aux jeunes, aux citoyens de demain. Il transmet des valeurs exemplaires tant à travers son œuvre qu'au travers des actes qui ont jalonné sa vie : responsabilité, sens de l'effort, lien social, sens du partage, souci et respect de l'autre... L'humanisme constitue le fondement de sa pensée : l'humain doit être au centre des préoccupations des hommes de bonne volonté. Notre existence ne commence à prendre son sens que lorsque nous nous tournons vers les autres : tel est le message essentiel de l'auteur du *Petit Prince*. Ce message constitue un point de repère indispensable pour le futur adulte sur le chemin de la citoyenneté.

Le réseau international Saint-Exupéry regroupe des centaines d'acteurs engagés, le plus souvent bénévoles. Proches du monde de l'éducation, de celui de l'entreprise et de l'économie, ils se sont rassemblés autour de la figure emblématique de « Saint-Ex » et de sa pensée humaniste. Créateurs d'associations intervenant dans le cadre de structures publiques pour développer des projets concrets, ils fédèrent aujourd'hui un réseau, une communauté active dans près de 30 pays sur tous les continents.

L'Association des amis d'Antoine de Saint-Exupéry

Fondée dès 1948 par des amis d'Antoine de Saint-Exupéry, parmi lesquels André Gide, Jean Schlumberger, Léon Werth, Jean Israël et Pierre Chevrier, l'Association des amis d'Antoine de Saint-Exupéry a pour vocation de promouvoir l'œuvre de l'écrivain. Le but de l'association est de servir la mémoire de Saint-Exupéry, de sauvegarder les souvenirs matériels, les traces, les écrits et les brevets d'invention qui le concernent, de faciliter les études de son œuvre, de contribuer à la diffusion de sa pensée et de mieux faire comprendre l'homme et sa vie.

La quête permanente de Saint-Exupéry portait sur les grandes questions qui conditionnent l'avenir de notre civilisation en ce début de XXIe siècle. Il les avait discernées, bien avant qu'elles ne deviennent d'une actualité brûlante. Peu de temps avant sa mort, Antoine de Saint-Exupéry écrivait qu'il fallait, pour y répondre, « rendre aux hommes une signification spirituelle ».

Les membres de l'association souhaitent faire connaître les aspects multiples de la personnalité de l'auteur de *Courrier Sud*, *Vol de nuit*, *Terre des hommes*, *Pilote de guerre* ou encore *Le Petit Prince*. Les *Cahiers Saint-Exupéry* cherchent à réunir les témoignages et études favorisant la compréhension de la personne et de son œuvre. Un quatrième volet des *Cahiers* est en cours de préparation. Présidée par Laurent Israël, l'association des amis de Saint-Exupéry souhaite fédérer tous les passionnés de l'aviateur-écrivain.

Association des amis de Saint-Exupéry

10, rue Edouard Branly

62000 Arras

Tél. : 09.60.10.84.78

Thierry Spas

Bibliographie

Collectif, *Cahiers Saint-Exupéry*, Gallimard, 1980.

Bothorel Jean, *Louise ou la vie de Louise de Vilmorin*, Grasset, 1993.

Cadix Alain, *Saint-Exupéry, le sens d'une vie*, Le Cherche Midi, 1994.

Dir. Cerisier Alban, *Dessins, aquarelles, plumes, pastels et crayons*, Gallimard, 2006.

Cerisier Alban, *Il était une fois le Petit Prince*, collection Folio, Gallimard, 2006.

D'Agay Frédéric et Pariset Jean-Daniel, *Album Antoine de Saint-Exupéry*, collection de la Pléiade, Gallimard 1994.

De la Bruyère Stacy, *Saint-Exupéry – Une vie à contre-courant*, Albin Michel, 1994.

De Saint-Exupéry Antoine, *Œuvres complètes*, tomes I et II, collection de la Pléiade, Gallimard, 1994-1999.

De Saint-Exupéry Antoine, *Lettre à l'inconnue*, Gallimard, 2008.

De Saint-Exupéry Antoine, *Écrits de guerre*, collection Folio, Gallimard, 1994.

De Saint-Exupéry Antoine, *Manon danseuse et autres textes inédits*, NRF Gallimard, 2007.

De Saint-Exupéry Consuelo, *Lettres du dimanche*, Plon, 2001.

De Saint-Exupéry Consuelo, *Mémoires de la Rose*, Plon, 2000.

De Saint Exupéry Simone, *Cinq enfants dans un parc*, collection Folio, Gallimard, 2000.

Des Vallières Nathalie et De Ayala Roselyne, *Les plus beaux manuscrits de Saint-Exupéry*, La Martinière, 2003.

Des Vallières Nathalie, *Saint-Exupéry – L'archange et l'écrivain*, Gallimard 1998.

Estang Luc, *Saint-Exupéry*, Point Seuil, 1989.

Kessel Patrick, *La vie de Saint-Exupéry*, collection Les albums photographiques, Gallimard, 1954.

Migeo Marcel, *Saint-Exupéry*, Flammarion, 1958.

Phillips John, *Au revoir Saint-Ex*, Gallimard, 1994.

Vircondelet Alain, *Saint-Exupéry : vérité et légendes*, Éditions du Chêne, 2000.

Vircondelet Alain, *C'étaient Consuelo et Antoine de Saint-Exupéry*, Fayard, 2009.

Vircondelet Alain, *Antoine et Consuelo de Saint-Exupéry – Un amour de légende*, Les Arènes, 2005.

Webster Paul, *Saint-Exupéry – Vie et mort du petit prince*, Le Félin, 2002.

Webster Paul, *Consuelo de Saint-Exupéry – La rose du petit prince*, Le Félin, 2002.

Revue *Icare*, numéros 30, 30*bis*, 69 tome i, 71 tome ii, 75 tome iii, 78 tome iv, 84 tome v, 96 tome vi, 108 tome vii.

« Antoine de Saint-Exupéry », hors-série du *Figaro*, juillet 2006.

« Le Petit Prince », hors-série de *Lire*, mars 2006.

Livres de l'auteur sur le sujet

Guéno Jean-Pierre, *Les Visages de Saint-Exupéry*, Le passeur éditeur, 2014.

Guéno Jean-Pierre, *Antoine de Saint-Exupéry, le Petit Prince, c'est toi*, Le passeur éditeur, 2017.

Guéno Jean-Pierre, *Journal d'une vie – Antoine de Saint-Exupéry, Petit Prince parmi les hommes*, Éditions Kiwi, 2020.

Remerciements

L'auteur et l'éditeur tiennent à remercier particulièrement Olivier et François d'Agay, la Succession Antoine de Saint-Exupéry, Martine Martinez Fructuoso et la Succession Consuelo de Saint-Exupéry, Franck Perrussel, Franck Fertille et les Éditions Gallimard, Édouard Frison-Roche et Paloma Gressien des Éditions Kiwi, Nicolas Delsalle, Alexandre Tanase et la Fondation Antoine de Saint-Exupéry pour la Jeunesse, sans oublier Charlotte Thomas pour sa mise en pages.

Crédits

© Éditions Gallimard pour les œuvres suivantes d'Antoine de Saint-Exupéry : « La paix ou la guerre ? », dans *Articles*, « Moscou », dans *Reportages*, « Madrid », dans *Reportages*, *Carnets*, *Courrier Sud*, *Terre des hommes*, « Vol de nuit », dans *Œuvres complètes*, tome I, *Citadelle*, « Aux Américains », dans *Écrits de guerre : la France (1939-1940)*, « Lettre au Général X », dans *Écrits de guerre : l'Afrique du Nord (mai 1943-juillet 1944)*, *Lettre à un otage*, « Lettres à Pierre Chevrier », dans *Correspondance privée*, *Le Petit Prince*, texte et illustrations, « Pilote de guerre », dans *Œuvres complètes*, tome II et *Dessins*.

Musée Air France : p. 9.

Austin Harry Ranson Humanities Research Center : p. 11.

Agence spatiale européenne : p. 12 (Agence spatiale européenne, ESA, HFI & LFI, juillet 2010, licence CC BY-SA 3.0 IGO).

Nasa : p. 14 (NASA/JPL-Caltech), pp. 46-47 (NASA Earth Observatory images by Joshua Stevens, using Suomi NPP VIIRS data from Miguel Román, NASA's Goddard Space Flight Center), pp. 52-53 (M. Justin Wilkinson, Texas State University, Jacobs Contract at NASA-JSC), pp. 68-69 (Samantha Cristoforetti, ESA/NASA), p. 85 (NASA/Goddard Space Flight Center Scientific Visualization Studio), p. 109 (NASA's Scientific Visualization Studio, Data provided by Robert B. Schmunk ; NASA/GSFC GISS), p. 131 (NASA, NOAO, ESA, the Hubble Helix Nebula Team, M. Meixner, STScI, and T.A. Rector, NRAO).

Succession Antoine de Saint-Exupéry/Gallimard : p. 16, p. 17 (dessin, photographie de Suzanne), p. 20, p. 21, p. 25, p. 27, p. 41, p. 42, pp. 44-45, p. 61, pp. 64-65, p. 71, p. 74, p.79, p. 81, p. 90, p. 91, p. 93, p. 110, p. 111, p. 112, p. 113, p. 115, p. 116, p. 126, p. 127, p. 128, p. 134, p. 139, p. 140, p. 141, p. 151, p. 158.

Succession Antoine de Saint-Exupéry : p. 117.

Succession Consuelo de Saint-Exupéry : p. 17 (photographie d'Antoine enfant et de Marie), p. 119, pp. 122-123, p. 143.

Musée des lettres et des manuscrits : p. 18, p. 72, p. 73.

Morgan Library & Museum : p. 19, p. 23, p. 54, p. 89.

Wikipédia : pp. 82-83, œuvres du domaine public.

Reuters : p. 102, haut (Mainichi Shimbun).

Collection Monique Catta : p. 117 (haut, droite).

Istock : p. 35 (© AscentXmedia), pp. 36-37 (© Rusm), p. 39 (© Mienny), p. 40 (© Nazar_ab), p. 43 (© Juan López), p. 49-50 (© Helovi), p. 57 (© Kokouu), p. 59 (© Nikada), p. 60 (© Ivenks), pp. 62-63 (© LuPa Creative), p. 77 (© Orbon Alija), p. 78 (© Filipe_lopes), p. 87 (© Aluxum), p. 95 (© HomoCosmicos), p. 97 (© Mammuth), p. 98 (© Fpm), p. 101 (© Zanskar), p. 103 (© RyuSeungil), p. 104 (© Michal Balada), p. 105 (© Brasil2), pp. 106-107 (© Andrey Danilovich), p. 121 (© Espiegle), p. 125 (© Taikrixel), pp. 132-133 (© StockstudioX), p. 142 (© Hadynyah), p. 144 (© Aluxum), p. 145 (© Huseyintuncer), pp. 146-147 (© Opla), p. 148 (© Cdascher), p. 149 (© Kesu01).

Shutterstock : p. 7, p. 13, p. 15, p. 29 (© Matyas Rehak), p. 31 (© Olia_Foto), pp. 32-33 (© Emilio JoseG), pp. 48-49 (© Songquan Deng), p. 55 (© Patrick Foto), p. 56 (© Jaysi), pp. 66-67 (© The_z1b), p. 102 (© Flye_and_Dive).

Dépôt légal : octobre 2020
Achevé d'imprimer en Europe par Typo'Libris en septembre 2020